ONTOLOGÍA DEL LENGUAJE VS. BIOLOGÍA DEL AMOR

Sobre la concepción de Humberto Maturana

Rafael Echeverría

ONTOLOGÍA DEL LENGUAJE VS. BIOLOGÍA DEL AMOR

Sobre la concepción de Humberto Maturana

GRANICA

ARGENTINA - ESPAÑA - MÉXICO - CHILE - URUGUAY

© Rafael Echeverría
© by Ediciones Granica S.A.

Edita y distribuye
Comunicaciones Noreste Ltda.

Ediciones Granica S.A.
Lavalle 1634 3º, C1048AAN,
Buenos Aires, Argentina
Tel.: +5411-4374-1456 / 4373-0582
Fax: +5411-4373-0669
www.granica.com

Esta edición de 1.000 ejemplares se terminó de imprimir
en abril de 2016 en Color Efe,
Paso 192, Avellaneda

Dirección editorial: Juan Carlos Sáez C.

Diseño y diagramación: Alejandro Álvarez

Asesoría gramatical y semántica: Edmundo Moure

ISBN 978-950-641-884-7

Impreso en Argentina / *Printed in Argentina*

Echeverría, Rafael
    Ontología del lenguaje vs. biología del amor : sobre la
concepción de Humberto Maturana / Rafael Echeverría. -
1a. ed. - Ciudad Autónoma de Buenos Aires : Granica, 2016.
160 p. ; 22 x 14 cm.

ISBN 978-950-641-884-7

1. Filosofía. I. Título.
CDD 190

*Éste es un libro dedicado a los coaches ontológicos,
por su valiosa contribución a un mundo que los necesita.*

ÍNDICE

Hace algo más de un mes, a través de un medio escrito de Santiago, Humberto Maturana lanzó un conjunto de críticas contra el coaching ontológico, así como diversas acusaciones personales en mi contra. En los días siguientes me concentré en demostrar tanto la falsedad de tales acusaciones, como que él sabía que ellas eran falsas y levanté mi voz contra sus inmerecidas y arbitrarias críticas al coaching ontológico. Procuré hacer todo aquello con altura de miras, concentrándome en hechos, y sin comprometer el respeto que siento y debo a su persona. Confieso que hubiese deseado un trato equivalente. Por desgracia, no lo obtuve.

Pasadas ya varias semanas, constato, sin embargo, que lo obrado por mí es insuficiente para disolver la duda que sus ataques puedan haber generado, en el sentido de que lo que pienso y hago se sustenta en sus ideas. Los hechos a los que me referí al asumir mi defensa, por sí solos, no logran mostrar la gran distancia que existe entre mis planteamientos y los suyos. Los alcances conceptuales, siempre escuetos, que yo hiciera en mis respuestas iniciales, no son capaces de exhibir esta distancia. Ello me ha convencido de la necesidad de abordar nuestras discrepancias a nivel de lo que pensamos, prescindiendo de sus iniciales acusaciones y despersonalizando el debate. Sólo así el lector podrá deducir el nivel de autonomía que mi pensamiento exhibe en relación al de Humberto Maturana.

Creo indispensable comenzar señalando que no presumo de tener la verdad en relación a lo que sostendré. Estoy consciente de que en este terreno nos movemos exclusivamente al nivel de nuestras interpretaciones. Se trata, en consecuencia, de una confrontación de interpretaciones diferentes. Pero este hecho no transforma tal esfuerzo en algo banal. Diferentes interpretaciones generan acciones y relaciones distintas y éstas, a su vez, producen resultados claramente diferenciables. Éstos comprometen nuestras acciones futuras, pero, por sobre todo, generan modalidades de vivir y de convivir con los demás, y nos proporcionan diferencias en el sentido de vida y estados posibles de bienestar que no son equivalentes.

Deseo dividir este texto en dos secciones. La primera, se concentrará en aquellas discrepancias en nuestras concepciones que considero más importantes. No son todas, pero consideraré aquellas que me parecen más relevantes. La segunda sección, asume una perspectiva temporal y busca dar cuenta de las influencias variables que el pensamiento de Humberto tuvo en mi propio desarrollo intelectual. Me parece imprescindible reconocer –como un deber de justicia– que sus ideas ejercieron una influencia significativa en las fases más tempranas de mi desarrollo formativo. De esto último, le estoy agradecido e, independientemente de las diferencias que hoy levanto y del trato que él me ha dado, este agradecimiento no puede ni debe verse comprometido. El pensamiento de Humberto Maturana fue, sin duda, uno de los eslabones que me condujeron a pensar como hoy lo hago, aunque la actual evolución de mi propio pensamiento se haya desarrollado en una dirección muy divergente del suyo.

Algunas de las discrepancias relevantes que hoy mantengo con Maturana

Como lo he dicho anteriormente, mis discrepancias con Humberto son múltiples y sería largo y tedioso referirme a todas ellas. De allí que me concentre sólo en algunas que me parecen determinantes para medir la distancia que hoy nos separa.

1. EL OBSERVADOR Y LA REALIDAD

Una premisa que juega un rol central en el pensamiento de Humberto Maturana es el postular que los seres humanos no estamos en condiciones de distinguir percepción de ilusión. No se trata de un postulado original de Maturana, pero sí, éste le sirve de sólido sustento. No es allí donde discrepamos. Es más, coincidimos. Desde mi punto de vista, se trata de una variante del planteamiento kantiano que señala que no podemos acceder al ser de las cosas. Sólo accedemos a su apariencia, a la forma como las cosas se nos presentan, dado como nosotros mismos somos. Esta es una idea que se remonta incluso mucho antes de Kant. Ya el Talmud nos advertía que "No vemos las cosas como son, sino como somos". De ello se deduce una conclusión importante: la objetividad como meta del quehacer humano no es nunca alcanzable. En este sentido, se trata, por ponerlo en términos utilizados por el mismo Maturana, de una objetividad siempre entre paréntesis. Nunca plenamente lograda.

Pero, partiendo de este postulado inicial, él pareciera dar un extraño salto y concluye que, dado que no nos es posible distinguir percepción de ilusión, todo es ilusión. Ello es lo que se deduce de su reiterado planteamiento de que no hay realidad independiente del observador y, por lo tanto, nada que percibir fuera de éste. Al no haber una realidad independiente del observador, la posibilidad misma de la percepción se clausura. Ello implica, por lo tanto, que su propio postulado inicial se esfuma, al eliminarse uno de sus términos. Ya no se trata de que no podamos distinguir percepción de ilusión. El observador no tiene nada que percibir, pues no existe una realidad externa que pueda ser percibida. Ya no se trata de colocar la objetividad entre paréntesis, sino simplemente de abolirla por completo. No se trata de un concepto límite, nunca alcanzable, sino, por el contrario, de una quimera ideológica.

La idea, central en la concepción de Humberto Maturana, de que no existe una realidad independiente del observador es insostenible desde el punto de vista de una racionalidad práctica o del escueto "sentido común". Dicho de otra forma, si somos consecuentes con ella, rápidamente comprobamos que comprometemos nuestra sobrevivencia. Para poder sobrevivir estamos obligados a actuar, aceptando la existencia de una realidad exterior independiente del observador. De allí la anécdota a la que me refiriera en una de mis respuestas anteriores, al recordar lo que se cuenta de Tales de Mileto, el primer filósofo del mundo occidental, quien se habría caído a un hoyo mientras caminaba observando las estrellas. Como decía entonces, la realidad exterior se nos manifiesta de muy diversas formas, con independencia de lo que pensemos sobre ella.

Este no es un punto en el que pretenda ser original. Por el contrario, este es un axioma del pensamiento filosófico contemporáneo. No en vano, cuando el destacado filósofo norteamericano John R. Searle, visitara Chile, hace ya varios años, y al escuchar a Humberto sostener la idea de que no hay realidad independiente del observador, no pudo sino confrontarlo —es preciso reconocer que con escaso éxito— en términos muy severos. Uno de sus argumentos: "cuando desde Chile volamos hacia Argentina más nos vale hacerlo desde la premisa de que la percepción de la Cordillera de los Andes no es una ilusión. Por si acaso, ¡vaya uno a saber!" Si la Cordillera de los Andes sólo existe a nivel del observador, no tendríamos de qué preocuparnos. No habría riesgo alguno.

Hay algo muy importante tras la objeción de Searle. Los seres humanos no podríamos sobrevivir, de tomar en serio lo señalado por Maturana. Gran parte de lo que hacemos, desde el momento mismo en que despertamos, se sustenta en la premisa contraria. Si no existiese realidad independiente del observador, ello equivaldría a sostener que sólo el observador y nada más existe. Es más, cabe incluso poner en duda su propia existencia. El cuerpo humano y la reflexión que la biología hace sobre él —y de la cual el propio Maturana arranca— se disipa en la nada. El entorno en el que ese mismo cuerpo está inserto y del que éste requiere para sobrevivir, se esfuma. Sólo existiría este extraño ente, ajeno a toda materialidad, que sería el observador, e incluso él mismo podría ser puesto en duda.

Pues bien, nuestra cotidianidad se funda en la premisa contraria. Lo que el propio Humberto hace, al despertar, se funda en la premisa contraria. Incluso sus ataques, se basan en la premisa contraria. Por lo tanto, nos resulta desconcertante que no llegue a la conclusión de que su pensamiento pueda haberse extraviado. Lo que dice es simplemente insostenible. Dicho de otra forma, los individuos que optaran por operar de manera consistente desde la premisa planteada por Humberto serían rápidamente eliminados por las leyes de la evolución.

Pero hay otras consecuencias importantes que Humberto pareciera no extraer. El reconocimiento de una realidad exterior independiente del observador es uno de los pilares del pensamiento científico. Una vez que esto se desconoce, el propio desarrollo científico queda comprometido. Recientemente acaba de demostrarse la existencia de las ondas gravitacionales en el universo, tal como lo anticipara, a un nivel meramente hipotético, Albert Einstein. La importancia de este hecho consiste precisamente en que se ha encontrado fundamento empírico para sustentar la supuesta validez (en una objetividad siempre entre paréntesis) de esa idea. Al poner en cuestión la existencia de una realidad independiente del observador, Maturana ha abandonado en los hechos el terreno del quehacer científico.

Resulta importante para mí advertir que estoy muy lejos de una concepción objetivista de la realidad y del pensamiento científico, como la que existiera en el pasado. No es desde allí que dirijo esta crítica. Sostengo que los seres humanos, como nos lo advirtiera Kant y luego lo argumentaran, de muy distintas maneras, los más diversos filósofos de la ciencia, no podemos acceder a la realidad tal cual ésta es. Sólo podemos generar interpretaciones sobre ella. Pero, desde esta posición, no llegamos a negar la existencia de una realidad independiente del observador, sin comprometer con ella la validez del quehacer científico. Personalmente, me inclino hacia una comprensión de la ciencia del tipo desarrollado por Gastón Bachelard, quien se inclina por un racionalismo constructivista. Con matices diferentes, es lo mismo que sostiene el filósofo chileno Roberto Torretti. Es más, coincido con el planteamiento de Friedrich Nietzsche, quien nos señala que "Todas las cosas están sujetas a interpretación. El que una determinada interpretación se imponga sobre otra, no se debe a su verdad, sino a su poder". Dicho de otra forma, se trata de algo que se resuelve, en definitiva, en la práctica. Es allí donde disponemos de algún criterio para discernir, aunque ello sea temporalmente, entre percepción e ilusión.

Gianni Vattimo, el filósofo nietzscheano italiano, consciente de lo que acabamos de decir, nos propone sustituir la noción tradicional y "dura" de verdad por lo que llama una concepción "blanda". El ideal de verdad planteado por la tradición metafísica no es alcanzable. Nuestras interpretaciones no nos permiten acceder al ser último de las cosas. Por existir siempre una brecha en el intento de veracidad de nuestras interpretaciones y esa verdad final y absoluta de la que nos hablan los metafísicos, toda interpretación está siempre sujeta a ser corregida y superada. Así como podemos hablar de verdades "blandas", de la misma forma podemos hacerlo de una objetividad "blanda". La subjetividad inevitable que acompaña siempre a nuestro pensamiento no logra nunca disolverse en la dura objetividad de las cosas.

Argumentar todo lo anterior es, sin embargo, insuficiente. Acompañados por buena parte del pensamiento de la biología evolutiva (considérese, por ejemplo, el caso de Ernst Mayr), tanto Humberto Maturana como yo, aceptamos la idea de que el desarrollo del lenguaje representa un elemento distintivo de la especie humana. En otras palabras, el tipo de existencia que desplegamos los seres humanos está determinado, de manera muy importante, por el hecho de que somos seres lingüísticos. Si a este reconocimiento le sumamos la gran contribución realizada en la segunda mitad del siglo XX por la filosofía del lenguaje, en el sentido de que el lenguaje nos permite a los seres humanos generar nuevas realidades, ello nos obliga a hacer una importante distinción cuando nos referimos a la realidad que define la existencia humana.

A esa realidad natural, exterior, cuya existencia independiente de nosotros no podemos negar, se entrelaza y sobrepone un conjunto de diferentes esferas de realidad, las que remiten, precisamente, a esa capacidad que el lenguaje nos confiere de generar realidades. En algunos casos, como bien lo saben los arquitectos o los ingenieros, esas realidades se constituyen a partir de los elementos propios de la realidad natural exterior a nosotros.

En muchos otros casos, el tipo de realidad que se constituye no se asienta en elemento alguno de la realidad natural. Tómese el ejemplo de haber efectuado determinados actos declarativos o de haber establecido un acuerdo o un contrato. Nietzsche nos advertía: "Los seres humanos somos los únicos animales capaces de hacer promesas". Pues bien, esas promesas –como las establecen también determinados actos declarativos– generan una dimensión importante de la realidad humana.

No da lo mismo estar casado o no estarlo. No da lo mismo, haber aprobado o reprobado un determinado ramo. No es igual haber sido declarado inocente o culpable en un juicio. Tampoco el haber finiquitado o no finiquitado una determinada transacción, como puede ser la compra de una casa. Estos acuerdos, contratos o actos declarativos representan una dimensión de nuestra realidad cuya importancia no podemos desconocer. Muchas veces, sin embargo, la convivencia social nos obliga a documentar estos acuerdos –contratos o actos declarativos– y, al hacerlo, ellos adquieren independencia de los agentes (observadores) que los contrajeron. Estos documentos pueden ser exhibidos, adquiriendo un determinado status de objetividad. A partir de ellos, se deducen derechos y deberes, que no podemos desconocer. Bien lo saben los abogados y también los contratantes.

Esta esfera de la realidad trasciende en un doble sentido el espacio de nuestras interacciones con otros. Por un lado, se proyecta al dominio de lo social, conformando una determinada estructura jurídico-política al interior de la cual los individuos se desenvuelven. Se trata de una dimensión de la realidad independiente de ellos, lo que no impide que ella pueda ser modificada por el actuar de los propios individuos. Con todo, es importante reconocer su status de realidad, por cuanto ella tiende a modelar, incentivar y limitar la acción humana. Por otro lado, esta misma esfera de la realidad se introyecta en los mismos individuos, conformando el núcleo ético o moral que rige sus comportamientos. Éste es también un dominio de la realidad que no puede ser desconocido. La esfera de la ética no es una dimensión de la realidad meramente individual. Ella está condicionada por sensibilidades y narrativas culturales que la trascienden y condicionan.

Sin pretender ser exhaustivo, existe, por otro lado, una esfera de la realidad para los seres humanos que, a diferencia de las anteriores, es estrictamente subjetiva. Sin embargo, no por ello menos importante y gravitante en nuestras existencias. Se trata de aquellos factores que precisamente nos constituyen en el tipo de observadores que somos y que nos conducen a conferir sentido a lo que sucede y nos sucede, de manera radicalmente distinta. Son los que, en nuestro caso, distinguimos en los distintos abordajes que hacemos en relación al tema del observador[1]. Se trata de factores que pertenecen al ámbito de nuestra biología, nuestra corporalidad, nuestra emocionalidad y nuestro lenguaje. Ellos juegan un rol fundamental en configurar nuestros "mundos", en el sentido que Heidegger le confiriera a ese término.

No vamos a extendernos en ellos. Pero no cabe duda que nuestras realidades subjetivas están configuradas por las emociones y estados de ánimo que llevamos con nosotros de manera más o menos general durante nuestra existencia o que se nos imponen bajo determinadas circunstancias específicas. De la misma manera, el papel que juegan, en el dominio del lenguaje, nuestras distinciones lingüísticas, los juicios con los que calificamos el acontecer y las narrativas que utilizamos para conferir sentido, son hoy indesmentibles. Más allá del sentido que le proporcionan a las distintas dimensiones de la realidad, ellos nos conducen a actuar de una determinada manera y, con ello, a generar determinados resultados y no otros. En este caso, podemos hablar con propiedad de una dimensión de la realidad que no es independiente del observador. Pero, cuidado, se trata tan sólo de una dimensión de la realidad en la que se desenvuelven los seres humanos. Una que representa, por lo demás, un ámbito particularmente importante en la práctica del coaching ontológico. Pero el reconocimiento de esta dimensión estrictamente subjetiva de la realidad humana no nos habilita para desconocer la importancia de aquellas otras dimensiones de la realidad humana que existen con independencia del observador, tal como lo hace Humberto Maturana.

---

[1] Ver Rafael Echeverría, *El observador y su mundo*, JC Sáez Editor, Santiago.

De la misma manera como sucedía a nivel de los actos declarativos y promesas mutuas, esta última esfera de la realidad trasciende también la esfera meramente individual y se inserta a nivel social de la cultura. Considérese, por ejemplo, aquella esfera de la realidad conformada por las obras de arte. Una obra de arte asume un determinado grado de objetivación en cuanto se autonomiza de su autor y adquiere existencia propia. Pensemos en una partitura musical, en una obra literaria o en un objeto propio del dominio de las artes plásticas. Lo interesante de esta esfera es el hecho de que tales objetos juegan un papel intermedio entre lo objetivo y lo subjetivo, en la medida en que aquello que los caracteriza es su capacidad de resonancia interior, que tiene lugar en los observadores que a ellos acceden. Su especificidad no reside, en consecuencia, en la objetividad que adquieren, sino en esa resonancia que se activa a través de la sensibilidad del observador.

Maturana me critica por haber "tomado su concepción del observador y haberla interpretado a mi arbitrio". Arbitrio significa aquí "de manera arbitraria". Es cierto que él ha desarrollado una determinada concepción sobre el observador. Quien lea lo escrito anteriormente constatará que tenemos, sin embargo, concepciones diametralmente opuestas. Ello por si sólo desmiente el que haya "tomado su concepción". Es curioso, sin embargo, que quien sostiene, como Maturana lo hace, la importancia de aceptar a otro diferente como un legítimo otro, cuando detecta diferencias, la primera reacción sea la de descalificarlas y caracterizarlas como "arbitrarias". ¿No sería preferible aceptarlas como legítimas y –si se las considera erradas– proceder a criticarlas desde una actitud respetuosa?

Pero mi pregunta va más allá, ¿qué le impide a Humberto Maturana hacer lo anterior? Esta es la pregunta que inevitablemente se hace un coach. En otras palabras, ¿cuál es el observador que le conduce a comportarse como lo hace? O bien, ¿cuáles son las heridas que le impiden comportarse tal como lo predica? Dejo las preguntas planteadas. Son las que un coach ontológico suele hacerse y a partir de las cuales indaga, busca fundamentos para contestarlas y, en seguida, para conseguir la validación de su coachee. Yo no pretendo responderlas. Su lema propedéutico es: todo lo que hacemos nos revela.

2. SOBRE EL SER Y EL HACER

Entramos a continuación en un tema complejo, pero fundamental al interior del discurso de la ontología del lenguaje, nombre a través del cual damos cuenta de nuestra interpretación del fenómeno humano y, a partir de ella, de la concepción que resulta sobre el carácter de la realidad (ontología). Su complejidad no guarda relación con la argumentación que conduce a las conclusiones que nos interesa destacar, sino con el hecho de que dichas conclusiones contravienen supuestos que durante más de dos mil años han formado parte de nuestro sentido común. Dicho en otras palabras, estas conclusiones nos conducen a un territorio nuevo en el que inevitablemente nos sentiremos extraños. Esta extrañeza puede extenderse a las propias conclusiones.

Como lo hemos sostenido reiteradamente, nuestra concepción arranca, no precisamente de Maturana, sino de la filosofía de Nietzsche. Si tuviésemos que sintetizar en pocas palabras lo central de esta filosofía, diríamos que Nietzsche se para frente a la tradición filosófica occidental, declara que ésta ha errado el camino y nos ha conducido a una forma de existencia en la que se nos hace muy difícil conferirle sentido a la vida. Es lo que él caracteriza como el nihilismo.

Para resolver esta situación, Nietzsche sostiene que es preciso volver al punto de origen de esta tradición filosófica e iniciar un trayecto radicalmente diferente, sustentado en premisas muy distintas de aquellas que dieron lugar a aquel trayecto ya recorrido.

La filosofía de Nietzsche es, en consecuencia, una filosofía de ruptura, de una radical ruptura. Tan importante como las ideas que Nietzsche nos plantea, son las ideas que él busca destruir. "Hago filosofía con un martillo", nos advierte. De no entenderse lo anterior, nos será muy difícil comprender el carácter y las implicancias de su filosofía y, por ende, de nuestra propia concepción.

Ello implica que, tan importante como comprender lo que Nietzsche nos dice, es el comprender aquello que busca destruir. De lo contrario, corremos el riesgo de que aquello que su filosofía pone en cuestión, vuelva a brotar en las interpretaciones que realicemos sobre su pensamiento. Éste ha sido, por lo demás, un problema frecuente en muchas de las interpretaciones que se han realizado sobre su filosofía, llegándose a menudo a la conclusión de que se trata de una filosofía contradictoria, sin percatarse de que muchas de esas supuestas contradicciones resultan de la incapacidad del intérprete de desprenderse de algunas de las premisas que la filosofía de Nietzsche precisamente contradice.

No es el momento de desarrollar aquí nuestra comprensión de la filosofía nietzscheana. Quien se interese, puede remitirse al libro que he escrito a este respecto[2]. Pero nos es importante señalar que lo que Nietzsche busca demoler es lo que él llama la tradición metafísica, que tiene su primer "brote" en Parménides y que se desarrolla poco

---

2   Rafael Echeverría, *Mi Nietzsche*, JC Sáez Editor, Santiago.

después con el pensamiento de Sócrates y, enseguida, se consolida con las filosofías de Platón y de Aristóteles, en dos variantes diferentes. Más allá de sus diferencias, la tradición metafísica (en el sentido que Nietzsche le confiere a este término) se caracteriza por colocar en el centro de su concepción la categoría del "Ser" acuñada por Parménides, "Ser" al que se le asignan los atributos de inmutable, uno y homogéneo. Es importante advertir que mientras Parménides acuña esta categoría del "Ser", simultáneamente Heráclito levantaba una concepción diametralmente opuesta, sosteniendo que no existe nada inmutable, que todo está en un proceso de devenir, de transformación permanente, y que tal devenir se rige no por la unidad y la homogeneidad, sino por la oposición entre contrarios. Para Nietzsche, de lo que se trata es de pensar el ser humano y la realidad siguiendo la concepción esbozada por Heráclito y descartada de plano por la tradición metafísica.

Los pensamientos de Platón y de Aristóteles cruzan el conjunto del desarrollo filosófico posterior en variantes distintas. En el siglo IV, San Agustín conecta la teología cristiana con el pensamiento platónico y luego, en el siglo XIII, Santo Tomás de Aquino, el Maestro Angélico, el teólogo más destacado de la Cristiandad, conecta la teología cristiana con el pensamiento aristotélico.

Nos interesa destacar dos importantes premisas que se sitúan en el centro de esta tradición metafísica. Las presentaremos en clave tomista. La primera de ellas sostiene la prioridad de la categoría del ser para comprender cualquier comportamiento y, de manera especial, el actuar humano. Ello lo vemos resumido en el dictum de Santo Tomás "Agere sequitur esse". La acción sigue al ser. De acuerdo a como somos, actuamos. Es en la categoría del "Ser" que logramos hacer inteligible nuestras acciones. La segunda premisa sostiene que la verdad, la bondad y la belleza convergen. En términos de Santo Tomás: "verum, bonum et pulchrum converturum". De esta segunda premisa nos haremos cargo más adelante.

Quedémonos por ahora con la primera premisa: la acción sigue al ser. En la medida que el ser es observado en su actuar, ello da lugar al concepto de sujeto. El sujeto existe en cuanto examinamos al ser en acción. El sujeto es, por lo tanto, tributario de la categoría del "Ser" y es el referente de toda acción humana. El ser del sujeto, por lo tanto, determina su actuar. Es en torno a este punto que Nietzsche lanza uno de sus dardos más destructivos. ¿Qué es este supuesto sujeto?, se plantea. ¿Cuál es su status ontológico? ¿Dónde reside? ¿De qué estamos hablando cuando nos referimos al sujeto? Como podemos apreciar, se trata de preguntas que normalmente no nos hacemos. Nietzsche sostiene que ese tal sujeto no es sino un punto referencial ficticio que construimos en el lenguaje para conferirle unidad y coherencia a nuestras acciones. Sin las acciones no hay sujeto. Son las acciones las que nos conducen a postularlo. Al eliminar las acciones se disuelve, por lo tanto, el sujeto.

Esto conduce a Nietzsche a una de sus afirmaciones más sorprendentes y corrosivas: "El sujeto no es nada. La acción es todo". Dicho de otra forma, "Nos separamos nosotros mismos, los obradores de sus obras, y usamos este patrón en todas partes –buscamos un obrador en cada evento".

A la afirmación anterior es preciso introducirle un importante matiz. Nietzsche está consciente de que no le es posible deshacerse del todo de la categoría del "Ser", pues ella ha devenido en un operador lógico indispensable en la práctica del conocimiento. Desconocer el ser de las cosas compromete la posibilidad misma de conocerlas. Al eliminarse la categoría del "Ser" se elimina el que haya algo que permita ser conocido. De lo que se trata, por lo tanto, es de sustituir la concepción metafísica del "Ser" por una diferente. Por una que le asigne otros atributos, que deje de concebirlo inmutable, uno y homogéneo. Que permita darle el dinamismo y fluidez que lo coloquen en la perspectiva del devenir y de la transformación. Se trata, por lo tanto, de transitar del concepto "duro" del "Ser", propio de la tradición metafísica, a un concepto "blando" que lo conciba como transformable, múltiple y contradictorio. Se trata, en último término, de no postularlo como el sustrato de la acción humana, sino también y, por sobre todo, como resultado de esta última.

Todo ello se expresa en uno de los principios básicos de la ontología del lenguaje. Éste dice así: "No sólo actuamos de acuerdo a como somos, y lo hacemos. También somos de acuerdo a cómo actuamos. Acción genera ser." Como puede apreciarse, sin desconocer el que podamos inferir conocimiento sobre cómo somos a partir de la forma como actuamos (coincidiendo en esto con la premisa metafísica), simultáneamente damos vuelta la ecuación y sostenemos que en la medida que transformemos nuestra forma de actuar, se transforma el tipo de ser que previamente éramos. La palanca fundamental de la existencia humana deja de ser la categoría metafísica del "Ser" y pasa ahora a ser la acción.

Esta es una premisa crucial del discurso de la ontología del lenguaje, de la que se deducen múltiples e importantes consecuencias. Una de ellas es la importancia que ahora adquiere el tema del aprendizaje. Desde nuestra perspectiva, el aprendizaje es aquella acción dirigida a expandir nuestra capacidad de acción. Al aprender, de acuerdo al tipo de aprendizaje que esté involucrado, sabemos que estamos transformando el tipo de ser que éramos. Mientras más profundo sea el aprendizaje que realicemos, más radical será también la transformación consecuente del ser que somos.

El desarrollo de la neurobiología, registrado durante estas últimas décadas, nos ha mostrado la inagotable capacidad de aprendizaje de los seres humanos. El concepto central de la neurobiología es el de la plasticidad neuronal o sináptica. Hoy sabemos que toda experiencia modifica, en grados variables, nuestros circuitos neuronales, las sinapsis a través de las cuales se conectan nuestras neuronas. Nuestros aprendizajes son expresión de la intensidad y recurrencia de nuestras experiencias. Ganamos y perdemos aprendizajes en función de las experiencias en las que participamos. Uno de los pioneros en este campo ha sido Eric Kandel, quién recibiera el premio Nobel por sus investigaciones en torno al aprendizaje y la memoria. Uno de los aspectos más interesantes de estos descubrimientos es precisamente el reconocimiento, desde la biología, de que los seres humanos estamos en transformación permanente y que el supuesto metafísico de la inmutabilidad del ser es altamente cuestionable.

La importancia del tema del aprendizaje nos ha conducido a una importante reflexión sobre los factores condicionantes del comportamiento humano, de la cual hemos construido un modelo que ocupa un lugar central en nuestra propuesta: el Modelo Osar. Éste, en términos muy simples, plantea que además de los condicionantes que reconocemos con facilidad en relación al actuar humano, dentro de los cuales hoy se incluyen los propiamente biológicos, hay dos factores que no son de fácil reconocimiento: el observador que somos y los sistemas sociales en los que participamos. El observador apunta a nuestras modalidades particulares de conferir sentido y los sistemas sociales nos abren al tema de las relaciones y los comportamientos sociales, sobre los cuales nos referiremos más adelante.

Con ello, nuestra concepción del observador, además de ser opuesta a la de Humberto Maturana, se sitúa en un lugar muy diferente de donde él coloca la suya. Al trabajar con estos dos condicionantes del actuar humano, nos abrimos aprendizajes de una profundidad que aseguran una efectiva transformación del ser que hemos sido. De ellos emergemos observando la realidad de manera diferente y pudiendo tomar acciones que antes nos eran imposibles. Es lo que llamamos "aprendizaje transformacional". Los cambios que se registran plantean puntos de ruptura en la dinámica de transformación del ser que somos.

Una segunda consecuencia es la de poder fundar, a partir de lo anterior, las bases de la disciplina del coaching ontológico como una práctica que busca servir a otros para resolver situaciones que comprometen las condiciones mínimas de bienestar, sentido y satisfacción que encuentran en sus vidas. El coaching ontológico consiste precisamente en una opción que posibilita, a quien consulta, entender situaciones problemáticas que no logra resolver por sí mismo y que resultan cruciales en sus vidas y, a partir de ello, efectuar los aprendizajes que se hacen cargo de estas situaciones y le permiten recuperar su autonomía.

Todo lo anterior está planteado para mostrar una diferencia fundamental entre la concepción de Humberto Maturana y lo que nosotros planteamos. Pocas cosas pueden colocarnos en riberas tan diametralmente opuestas. Para Maturana el ser no se puede modificar. Sólo podemos cambiar el hacer. De acuerdo a su pensamiento, ser y hacer son dos dominios independientes. Su pensamiento sigue atrapado en las premisas de la tradición metafísica. Desde nuestra perspectiva, el ser siempre se conjuga en el hacer y el cambio del hacer conlleva, tal como lo hemos explicado, cambios mayores o menores en el tipo de ser que somos. Habitamos, por tanto, en mundos radicalmente diferentes.

Humberto Maturana insiste que él no tiene nada que ver con el coaching ontológico. Estamos completamente de acuerdo. Yo nunca he sostenido algo diferente. El coaching ontológico se sustenta en la posibilidad de realizar desplazamientos en nuestra forma de ser. Desde su propia perspectiva, tales desplazamientos están, desde el inicio, clausurados.

3. EL AMOR COMO FUNDAMENTO DE LO SOCIAL

Uno de los planteamientos más desconcertantes de Maturana es aquel que señala que el amor es el fundamento de lo social y que, en consecuencia, todo aquello que no está fundado en el amor, pues simplemente no es social. Advierto que mi formación inicial fue en ciencias sociales. Estudié primero economía y luego me titulé en sociología. No es menos cierto que, en mi trabajo doctoral, realicé un importante giro hacia la filosofía y que esta última ha sido desde entonces mi principal lugar de residencia. Sin embargo, nunca me he distanciado por completo de las ciencias sociales.

Escuchar, por lo tanto, el postulado esgrimido por Maturana me ha producido siempre un gran desconcierto. De un plumazo, deja fuera casi la totalidad de los fenómenos que los científicos sociales definen precisamente como "fenómenos sociales". Lo he dicho muchas veces, desde la perspectiva sustentada por él pareciera que los fenómenos propiamente sociales quedaran reducidos a la sección dedicada a la Vida Social en los grandes periódicos. A los bautizos, los homenajes, los reconocimientos públicos, las fiestas y celebraciones.

Todo lo demás, las noticias de actualidad nacional, las noticias internacionales, quedan fuera de lo social.

Desde el planteamiento de Humberto Maturana, no pueden ser tratados como fenómenos sociales los conflictos, las huelgas y manifestaciones, los atentados y las guerras, los actos de delincuencia. Pero tampoco son sociales los grandes acuerdos políticos, los resultados electorales, la abolición o creación de instituciones, las políticas públicas, etc. Aquellos fenómenos que concentran la mayor atención de los científicos sociales quedan de una plumada fuera de su campo de competencia. Habiendo considerado éstos que se preocupaban por el dominio de lo social, descubren ahora, siguiendo a Maturana, que todo fue el resultado de un malentendido. Pero no se trata tan sólo de lo que los actuales científicos sociales puedan pensar. Los grandes autores clásicos de las ciencias sociales, tales como Emile Durkheim, Karl Marx o Max Weber, o sus actuales representantes contemporáneos, como Jurgen Habermas, Alain Touraine o Niklas Luhmann, quedan por completo excluidos del ámbito que Maturana define como propiamente social. ¿No será acaso que éste no entiende lo que constituye el dominio de lo social? Me inclino por esta última opción.

La postura de Humberto Maturana jibariza el dominio de lo social hasta hacerlo desaparecer. Gran parte de la convivencia "social" simplemente se esfuma. Gran parte de los problemas "sociales" se disuelven en la nada. En este mundo "social" no hay instituciones, no hay conflictos, no hay desigualdades, no hay asimetrías de poder, no hay relaciones de dominación. Pareciera que la diversidad de preferencias, creencias e intereses de los individuos no tuviera expresión alguna en la convivencia "social", en las relaciones que mantienen entre sí.

No es de extrañar entonces que, cuando se le pregunta a Humberto Maturana si considera que la adopción de determinados modelos económicos y de convivencia social pudiera incidir en desarrollar ciertos comportamientos individuales, como son las prácticas de corrupción, él lo niegue de plano. Tales comportamientos, en su opinión, son sólo el resultado de los valores de los individuos. Desde su opinión, los valores individuales no guardan relación alguna con modelos de convivencia social o con factores propios de la estructura social. El lector comprenderá cómo ello podría desconcertar a un sociólogo, economista, antropólogo o cientista político.

¿De dónde provienen entonces –uno se pregunta– aquellos valores individuales? No es siempre fácil detectar la respuesta que Maturana ofrece a este respecto. En su opinión, estos valores se incuban a través de las pautas de crianza que se establecen en la infancia. De manera muy especial, de la relación que la madre desarrolla con sus hijos, sin dejar de incluir la relación que los maestros establecen en la escuela con sus alumnos.

La clave para la transformación social, desde la perspectiva de Humberto Maturana, son las pautas de crianza de los niños. Es desde ellas que se generan los valores individuales y desde éstos el tipo de cultura que condicionará la vida en común. Pautas de crianza, valores individuales y cultura, éstos son los ejes fundamentales de su concepción de lo social fundada en el amor. Éstos son también los pilares de su –así llamada–, "biología del amor".

Es importante advertir, sin embargo, que de "biología" esta concepción guarda ya muy poco. Eso lo saben los biólogos, que suelen mirar con extrañeza las propuestas que desarrolla uno de sus colegas más destacado. Muchos se preguntan, ¿dónde está el fundamento propiamente biológico de esta extraña concepción? Pero el problema no reside tan sólo en su fundamento, sino también en algunas de sus conclusiones[3].

Desde el equipo de colaboradores que acompaña a Humberto Maturana comienzan a hacerse pronunciamientos, basados en sus propias premisas, que sólo logran acrecentar el desconcierto de biólogos, médicos y otros profesionales de la salud. Uno de ellos: "todo dolor y sufrimiento tiene un fundamento cultural". No se dice, es cierto, que ello no comprometa la biología. Pero entonces, la biología sólo estaría expresando problemas que tienen raíz en la cultura. Las bacterias, los virus, las malformaciones congénitas, etc., todos quedan eliminados o convertidos en agentes culturales perversos. Y esto que es obvio para el dolor físico, también es válido para múltiples formas de sufrimiento. Otro de estos pronunciamientos curiosos: "no hay niños con déficit atencional, sino profesores fomes (aburridos)". De lo cual, obviamente se deduce, que un profesor que no sea "fome" (aburrido), no se encontrará nunca con niños con déficit atencional.

Uno se pregunta muchas veces, ¿en qué mundo viven? Porque es evidente que habitan –y lo saben– en un mundo social articulado en instituciones, en relaciones sociales asimétricas, etc. De ese mundo real, ni el mentor ni su equipo pueden prescindir. Ellos también se enferman y, cuando se caen, sienten dolor. Y saben que ese dolor

---

3 Por otro lado, Maturana y su equipo nos ofrecen también una respuesta a esta pregunta. Ellos se han desplazado desde la biología a un nuevo territorio que han bautizado con el nombre de "epistemología". Su quehacer es ahora el quehacer de "epistemólogos". La epistemología es aquella rama de la filosofía que se preocupa del conocimiento. Así concebida, se trata de algo consolidado y respetable. Los principales filósofos de la Modernidad se han preocupado del tema del conocimiento y, en ese sentido, han sido epistemólogos. Pero en el círculo de Maturana el término se ha convertido en un nombre de fantasía. Se ungen entre sí como "epistemólogos" sin tener la formación y una práctica solvente que así los acredite.

producido por la caída, no remite a la cultura. Éste es quizás uno de los fenómenos más extraños. La realidad en la que cotidianamente viven, los desmiente una y otra vez y, sin embargo, no se extraen las correspondientes consecuencias. Nos dirán, es cierto, que no existe una realidad independientemente del observador. Pero ello sólo logra aislarlos de una realidad que ya ha perdido toda capacidad para mostrarles las deficiencias de su pensamiento. De su extravío inicial, éste último ha entrado en fase de caída libre. Ya no hay ninguna instancia capaz de detener esa caída.

Maturana trivializa el dominio del comportamiento social. Pero éste no es un dominio trivial. Ello puede afirmarse al menos en dos sentidos. El primero, como ya ha sido planteado, es la completa prescindencia del conocimiento largamente articulado por las ciencias sociales. El segundo, sin embargo, cruza el propio dominio del conocimiento biológico. Como sabemos, el debate más importante que hoy en día compromete a la biología evolutiva es aquel que enfrenta a dos grupos de biólogos en torno al tema de los mecanismos de selección natural que guían el proceso evolutivo.

Para uno de estos grupos, en el que destaca Richard Dawkins, el proceso evolutivo se realiza aplicando siempre un mismo mecanismo de selección: la *kin selection* o selección de parentesco. Para el otro, representado, entre otros, por Edward O. Wilson, se afirma que, para un número reducido de especies que se caracterizan por organizar su sobrevivencia socialmente, se introduce un segundo mecanismo de selección que se ha llamado la selección multinivel o de grupo. Ello implicaría que para estas especies se introduciría un mecanismo selectivo que trasciende las relaciones entre individuos, fundadas en el pool de genes compartidos. La adecuada comprensión de lo social devendría entonces en una dimensión fundamental para la comprensión de importantes fenómenos biológicos.

Uno de los aspectos interesantes de este debate –entre muchos otros– es que tiende a resolver de manera radicalmente distinta de como lo hace Humberto Maturana la presencia en los seres humanos de comportamientos solidarios y competitivos, de relaciones amorosas y de rivalidad, y lo hace en concordancia con la teoría de la evolución, sin necesidad de postular una suerte de estado natural inicial de pureza amorosa, en una extraña variante rousseauniana, que luego es corrompido a través de la inserción del individuo en la sociedad. La sociedad y el transitar por el ciclo de la vida pueden hacernos seres odiosos o seres más sabios y respetuosos. La sociedad y la cultura no son concebidas como instancias potencialmente perversas.

4. LA IDEALIZACIÓN UNILATERAL DEL ALMA HUMANA

Uno de los planteamientos más interesantes que nos proporciona Nietzsche guarda relación con su abordaje al tema del alma humana. Al hablar de "alma humana" no estamos suscribiendo un planteamiento religioso, místico o espiritual. Entendemos por alma humana la forma particular de ser de cada individuo. El planteamiento al que hacemos referencia apunta, por lo tanto, a las modalidades del ser individual.

En oposición a la tradición metafísica que concebía el ser como inmutable, uno y homogéneo, Nietzsche, como ya lo hemos señalado, opone una concepción que lo concibe en permanente transformación, múltiple y contradictorio. Mientras la tradición metafísica concibe al ser como una unidad convergente en la que coincide la verdad, la bondad y la belleza (recordemos a Santo Tomás de Aquino), Nietzsche considera que ello tiende a una idealización del tipo de ser que somos a través de la cual se nos ofrece una visión unilateral, no sólo distorsionadora, sino también peligrosa, que desconoce los aspectos sombríos y caóticos que todos, inevitablemente, llevamos dentro.

Éste es quizás uno de los aspectos menos destacados y quizás más interesantes de la filosofía de Nietzsche. En rigor ello representa el núcleo ontológico de su concepción: su manera de concebir la realidad. Se trata de una concepción esbozada de manera embrionaria, muchas veces sugerida, y no desarrollada de manera sistemática y cabal. Para captarla, es importante extraerla vinculando muchas veces planteamientos aislados, los que, sin embargo, van progresivamente conformando un cuadro relativamente coherente.

Para Nietzsche, la vida humana requiere establecerse sustentada en un determinado orden y todo orden –como por lo demás nos lo sugiriera Anaximandro –posee un carácter sacrificial. Todo orden, para lograr establecerse, segrega, margina, excluye. Todo orden se impone en un fondo caótico e implica un acto de imposición de fuerza (una suerte de "camisa de fuerza") sobre este mismo fondo caótico. De la misma manera, todo conocimiento –que es siempre un esfuerzo por generar sentido y, en consecuencia, orden– a la vez que ilumina, simultáneamente oscurece. La filosofía de Jacques Derrida se inspira en este planteamiento inicial. Todo esfuerzo de conocimiento de la realidad es, por lo tanto, un intento por establecer orden y, como tal, de imponerle a ésta una camisa de fuerza, una suerte de acto de tortura.

Siguiendo este planteamiento, no existiría orden sin que simultáneamente tengamos que reconocer la presencia del caos que ese mismo orden busca replegar. En sus escritos más tempranos, este vínculo primario, entre orden y caos, se expresa en la oposición que Nietzsche establece entre los elementos apolíneos (expresivos del orden) y dionisíaco (expresivos del caos marginado). Más adelante, esta misma concepción va a asumir otras formas de expresión, las que estarán muchas veces acompañadas por la oposición entre orden y "sombra".

Una de las críticas más severas que Nietzsche le hace a la tradición metafísica es que ella niega esta dualidad ontológica fundamental, tendiendo a negar sus aspectos caóticos, oscuros y sombríos. Ello se observa muy particularmente en la concepción del ser humano. En tal sentido, nos ofrece una concepción de lo humano idealizada y unilateral, en la que predominan las dimensiones de lo verdadero, lo bueno y lo bello, y no se asume la existencia de nuestros trasfondos sombríos. Ello se consolida con la integración de la metafísica griega y la teología cristiana, dado que ésta última tiende a externalizar el mal a través de la figura del Diablo. El mal es así convertido en un principio cósmico exterior y erradicado del alma humana. Ésta es considerada débil –permite que sea tentada por el mal– pero en sí misma no es mala.

Al concebir el alma humana como múltiple y contradictoria, Nietzsche restituye al interior del alma humana la tensión entre el bien y el mal, entre el orden y el caos. Ello implica que el conjunto del alma humana puede ser observado ahora a partir de una particular topología que separa, como fuera posteriormente desarrollada por C.G. Jung, entre persona y sombra. La persona apunta al principio del orden que impera en el alma como imperativo de la existencia. La sombra hace referencia a los aspectos caóticos que todos llevamos dentro. El escritor argentino-polaco, Witold Gombrowicz, apunta a esta idea original de Nietzsche al señalar: "ser una persona equivale a no ser nunca uno mismo". El alma humana no coincide sólo con la persona que somos, ella es el conjunto de persona y sombra. Tras esta idea de Nietzsche, el psicoanálisis desarrollará más adelante la noción de inconsciente.

No distinguir los aspectos sombríos del alma humana, nos señala Nietzsche, no es sólo equivocado; no sólo limita el conocimiento sobre cómo somos. Ello es también peligroso. En la medida que le damos la espalda a nuestros aspectos sombríos, nos desprotegemos de la influencia que ellos puedan ejercer sobre nosotros y somos presa fácil a su asalto. "Quién se niega a explorar en sus propios monstruos", nos advierte Nietzsche, "corre el riesgo de convertirse en uno". La idealización unilateral de los seres humanos, concebidos como seres naturalmente buenos, bellos y amorosos, nos convierte en seres temibles, capaces de causar estragos en los demás, de producirles mucho daño.

Es interesante examinar la historia de la Humanidad desde esta perspectiva. Mientras más hemos acentuado nuestros rasgos positivos, en desmedro del reconocimiento de los negativos, más daño nos hemos hecho, mayor es el mal que generamos. Si uno se concentra en las instituciones que con mayor fuerza sustentan actualmente concepciones de lo humano que podemos caracterizar como idealizaciones unilaterales, más encontramos la dificultad que algunos de sus miembros exhiben para controlar comportamientos perversos. Es lo que observamos, por ejemplo, al interior de la Iglesia Católica.

Aceptar la presencia de nuestros aspectos sombríos, no nos hace menos éticos. Por el contrario, nos permite avanzar hacia una ética que favorece una mejor convivencia humana. Es en pos de esta ética, que Nietzsche nos convoca a convertirnos en lo que llama "seres humanos del mediodía". Esta es una expresión que por un tiempo me fue difícil de comprender. La asociaba con los países europeos mediterráneos y su clima más templado, que tanto gustaban a Nietzsche. Lo que en francés se llama "le Midi", el mediodía. Pero luego comprendí que Nietzsche apuntaba a algo muy diferente.

El "mediodía" es el momento del día en el que, por la altura del sol, nuestra sombra suele ser más corta. Su ideal de ser humano, por lo tanto, está asociado a nuestra capacidad de asomarnos sin temor a nuestros lados sombríos y hacer un esfuerzo por darle voz a algunos de los aspectos que mantenemos callados y reprimidos, de manera de hacernos responsables de la separación entre la persona que somos y la sombra que siempre mantenemos. Mientras aceptemos nuestra sombra y nos asomemos a ella, menos riesgos corremos de vernos asaltados por ella.

Ésta es –como todo lo señalado– obviamente una interpretación, que nos parece interesante y nos permite observar el alma humana de una manera posible de conducirnos a devenir algo mejores y avanzar hacia modalidades de convivencia más satisfactorias y armónicas con los demás. A partir de ella, y apoyándonos en la mitología griega, nos referimos a nuestra sombra como nuestro "minotauro interior"; cuando la relación con ella se sustenta en la negación y la ilegitimidad, y a nuestras "dimensiones dionisíacas", cuando nos preocupamos por darle cauce y le conferimos legitimidad a su presencia. Al invocar la figura del "minotauro interior" nos apoyamos, no sólo en los relatos de la mitología griega, sino también en las interpretaciones que en la década de los 40 nos ofrecieran dos importantes escritores argentinos: Jorge Luis Borges y René Cortazar[4]. Ambos procuran un rescate sustentado en la compasión, de la legendaria figura del minotauro.

---

4   Jorge Luis Borges, *La casa de Asperión*; René Cortazar, *Los reyes*.

La figura del minotauro y el arquetipo del dios Dionisos son dos formas diferentes que nos relacionan con los aspectos sombríos del alma humana. Se trata de modalidades que nos permiten eludir los efectos, denunciados por Nietzsche, de idealizar unilateralmente el alma humana. Creemos que ambas poseen un inmenso poder evocador.

¿Hacia dónde nos encaminamos? ¿Qué tiene que ver todo esto con la concepción de Humberto Maturana? Pues, precisamente, nos permite comprender que la "biología del amor" no es sino una nueva modalidad de desplegar una visión idealizada y unilateral sobre el ser humano. Se trata de una concepción que postula que el ser humano nace y es, por naturaleza, bueno y amoroso y que, en su desarrollo, es corrompido por la cultura. La cultura ocupa ahora el lugar que previamente se le asignaba al Diablo. El alma humana es pura, el mal proviene de fuera. Ello no es sólo altamente discutible, es por sobre todo peligroso. Cuando nuestras vulnerabilidades, pequeñeces, inseguridades y temores nos asaltan –y, desgraciadamente, los tenemos todos– nos damos cuenta de que no tenemos cómo contrarrestarlos. No sabemos cómo hacernos cargo, ni cómo evitarlo. No se llega a la santidad –en el entendido de que ello fuera posible– desconociendo nuestras debilidades, sino enfrentándolas.

5. PROBLEMAS CON LA NOCIÓN DE AUTOPOIESIS

Una de las ideas más interesantes de Maturana es su noción de autopoiesis. Él nos ha contado muchas veces la historia de cómo nació este concepto. De joven, mientras dictaba una clase a estudiantes de medicina, sobre los seres vivos concebidos como sistemas, un alumno le habría preguntado: "Si un ser vivo es un sistema, ¿cuál es el rasgo de ese sistema que lo convierte en un ser vivo?" El profesor se comprometió a volver con una respuesta al año siguiente. Su respuesta es la noción de autopoiesis. Los seres vivos son organizaciones autopoiéticas. Ello significa que son capaces de reproducirse continuamente a sí mismos. Los seres vivos pueden tener estructuras diferentes, pero son iguales en cuanto a organización. Es más, ellos cambian permanentemente su estructura, pero preservan este tipo de organización. Cuando esta última deja de existir, los seres vivos se desintegran y, como tales, colapsan y mueren.

El término autopoiesis le fue sugerido a Humberto Maturana y a Francisco Varela por José María Bulnes, a partir de la distinción establecida por los griegos entre praxis y poiesis, al referirse a la acción. Este concepto, personalmente, me pareció por mucho tiempo iluminador y fue uno de los atractores que me hizo acercarme a los planteamientos de Maturana. Con el tiempo, esa fuerza de atracción se fue perdiendo y quisiera reflexionar sobre lo que produjo ese distanciamiento.

Pienso que los problemas fueron tres. En primer lugar, el reconocimiento de que el concepto de autopoiesis tenía, sin duda, fuerza descriptiva, pero tenía escasa fuerza explicativa. En otras palabras, daba cuenta de lo que entendemos por un ser vivo, acuñando una palabra que ahora podíamos sustituir por "sistema viviente", pero no lograba explicar cómo éstos se constituyen y cómo, por tanto, pueden ser generados. Dicho en palabras distintas, le ponía un nombre al problema, pero no lo resolvía. Se acercaba más al bautismo que al nacimiento. Con esto no quiero negarle mérito a la noción de autopoiesis. Mi comentario se dirige a examinar su poder relativo. Con todo, la noción de autopoiesis me seguía pareciendo iluminadora.

Hubo luego un segundo hecho que acrecentó mi distancia frente a esta noción. Ello aconteció en una conversación con un destacado biólogo chileno, cuya identidad prefiero no comprometer en este debate. Ante la defensa que yo le hacía del concepto de autopoiesis, él me respondió con cierto escepticismo:

"Cuando sostenemos que algo define o especifica un determinado fenómeno, en este caso un 'sistema viviente', aquello a lo que apuntamos requiere cumplir con dos condiciones. Primera, debe estar siempre presente cada vez que estamos ante una determinada expresión de ese fenómeno. Segunda, debe estar ausente en fenómenos que no permiten ser caracterizados como 'sistema viviente'. Te puedo conceder que la noción de autopoiesis cumple con la primera condición. Sin embargo, no cumple con la segunda. Te doy dos ejemplos: Un remolino en el agua o un ciclón o un tornado en el aire son sistemas que permiten ser descritos como autopoiéticos, pero no podemos decir que sean sistemas vivientes, en el sentido que le conferimos a este término."

Me pareció un argumento válido.

Hay, sin embargo, un tercer problema, asociado al anterior. En la larga y fructífera relación que mantuvieran Humberto Maturana y Francisco Varela –la que, en mi parecer, da cuenta del período más interesante de la producción intelectual del primero– se llegó a un punto en el que las desavenencias personales impidieron mantener la colaboración que entre ellos habían logrado desarrollar. Jugando con las palabras, podríamos decir que se rompió la autopoiesis.

No me interesa entrar en la cuestión de estas desavenencias personales, pues no me corresponde. Pero además de ellas, hubo una importante discrepancia conceptual. Varela entendió tempranamente que la noción de autopoiesis podía ser transferida a sistemas muy diferentes de aquellos propios de los organismos vivos: los sistemas sociales. Ello implicaba, en otras palabras, que los sistemas sociales podían ser tratados como "sistemas vivientes". Maturana se negó a considerar esa posibilidad. De aplicarse la noción de autopoiesis a los sistemas sociales, la noción de autopoiesis colapsaba como criterio para especificar lo que, en su opinión, resultada inherente a los organismos vivos. La separación entre Francisco Varela y Humberto Maturana se realizó bajo el acuerdo de no hacer explícita esta discrepancia.

El destino, sin embargo, suele jugarnos malas pasadas. El destacado sociólogo sistémico alemán, Niklas Luhmann se encontró, en una de sus lecturas, con el concepto de autopoiesis de Maturana y percibió que éste resultaba iluminador para ser aplicado a los sistemas sociales. En efecto, múltiples instituciones, como la familia, las empresas, los partidos políticos, los sindicatos, etc., permiten ser magistralmente descritos como sistemas autopoiéticos. Dada la caracterización que Maturana ofrecía de los sistemas autopoiéticos, resultaba muy difícil desconocer que los sistemas sociales se adecuaban perfectamente a ella. Todas las entidades sociales mencionadas cumplen con los requisitos propios a la noción de autopoiesis, tal como éste la concibe. Mientras perduran, más allá de los cambios estructurales que las puedan afectar, mantienen su organización y se reproducen constantemente a sí mismas.

Cuando uno define de una determinada manera una particular configuración, ya no puede evitar que otros la apliquen en dominios diferentes de aquél en el que la situó, en la medida que ella cumpla con los requisitos que uno mismo le ha asignado. Simplemente no hay cómo evitarlo. Ese concepto se autonomiza de su autor y adquiere ahora vida propia. Éste ya ha perdido toda capacidad de restringir sus ámbitos de aplicación.

Sabemos que Humberto Maturana no acepta de buen grado que un término que él ha utilizado pueda ser tomado para conferirle un sentido o una aplicación diferente de la que él le asignara. Cuando ello sucede, muestra su intolerancia y suele acusar a quien lo hace de desarrollar esta concepción "a su arbitrio".

Estos tres problemas, como se comprenderá, me fueron progresivamente alejando de la noción de autopoiesis. Sigo considerando que hay en ella algo interesante, pero al final de cuentas, quedo con la impresión que no es una noción muy relevante.

6. LA CONCEPCIÓN DE LA "ANTI-GESTIÓN" DE MATURANA

El ámbito en el que de modo recurrente me he encontrado con mis mayores discrepancias con Humberto Maturana ha sido el de las empresas y organizaciones. Como es sabido, una de las áreas en la que me he visto involucrado desde hace ya muchos años ha sido la consultoría. Se trata de algo que he realizado en los Estados Unidos, en España y en gran parte de los países de América Latina. Hemos trabajado con grandes empresas privadas, con organizaciones públicas, con organismos internacionales, con centros de formación empresarial y con importantes universidades de diversos países.

Hemos sido invitados reiteradamente a destacados encuentros nacionales e internacionales –como el Congreso Latinoamericano de Recursos Humanos y el Congreso Mundial de Recursos Humanos, entre otros– donde hemos expuesto nuestra concepción sobre el quehacer empresarial. Hemos desarrollado una importante identidad en este campo y, como consecuencia de ello, recibimos algunas ofertas de compra –que hemos rechazado– de parte de importantes consultoras internacionales.

Nuestro aporte en esta área nos hace sentir muy orgullosos. Hoy en día recibimos muchas más ofertas de trabajo de lo que permite nuestra disponibilidad. La calidad de lo que hacemos es algo que cuidamos escrupulosamente y procuramos ser muy responsables en relación a los resultados que generamos y a las promesas que podemos hacer, de manera de cumplirlas efectivamente. Por desgracia, en nuestras culturas de países subdesarrollados no siempre logra valorarse, en su medida, la importancia del quehacer empresarial respecto al crecimiento, desarrollo y bienestar de nuestros países. Reconocer lo anterior, no implica hacerse cómplice de los sonados casos de corrupción que hemos vivido. Los hemos condenado de manera categórica.

Esta no es precisamente un área en la que mantengamos una prioridad diferente con Humberto Maturana y la organización desde la cual él opera. Por el contrario, nuestro interés en el área organizacional es equivalente al que exhiben él y su organización, aunque existan diferencias significativas en el volumen de estos involucramientos. En algunos lugares en los que ellos han intervenido, se nos ha llamado con posterioridad, y hay otros en los que, a partir de nuestro propio trabajo, luego se les ha invitado. Por lo tanto, sabemos sobre lo que cada uno hace y sobre las respectivas evaluaciones que se realizan luego de nuestras correspondientes intervenciones. Tengo la convicción que los ataques que recientemente me lanzara Humberto Maturana nacen, en rigor, de la rivalidad que él y su gente han desarrollado frente a nosotros en este territorio específico, el de la consultoría organizacional, más que en diferencias de otro tipo.

Antes de plantear algunas de las discrepancias que, en esta área, nos separan, es necesario hacer algunas precisiones en relación a nuestra mirada al quehacer de las empresas y las organizaciones. Ellas están, por lo demás, parcialmente expuestas en mi libro *La empresa emergente* (2000). De no hacerlo, podría no apreciarse adecuadamente el lugar desde el cual levantaremos nuestras críticas, y atribuírsenos, en consecuencia, ideas que estamos muy lejos de sustentar.

Si intento sintetizar los aspectos clave del tipo de mirada que despliego en torno al quehacer empresarial, me inclino por destacar seis aspectos. Evidentemente ellos no cubren todo lo que hacemos, pero sostienen buena parte de nuestra interpretación de lo que sucede en las empresas y organizaciones, y nos conducen a definir nuestras intervenciones en ellas.

a) El concepto de competencias conversacionales.

Éste es quizás uno de los conceptos más importantes del discurso de la ontología del lenguaje. En él se integran dos vertientes esenciales. En primer lugar, la filosofía del diálogo, de Martin Buber, que sostiene que los seres humanos somos seres conversacionales y que configuramos nuestras respectivas formas de ser (nuestra alma) a partir de las conversaciones que tenemos con los demás, con nosotros y con el misterio de la vida. En segundo lugar, la filosofía del lenguaje, que nos lleva a entender que el lenguaje humano no sólo es pasivo o descriptivo, no es sólo un medio para dar cuenta de la realidad, de lo que percibimos, sentimos o pensamos, sino que es acción y que, por lo tanto, posee poder de transformación. A partir de lo anterior, logramos entender que el lenguaje, más allá de su intento de dar cuenta de la realidad, simultáneamente nos permite generar nuevas realidades.

Del aporte de la filosofía del lenguaje se deduce el concepto de "actos de habla" o "actos de lenguaje". En efecto, si cuando hablamos actuamos, es importante poder distinguir cuáles son las acciones que con el habla ejecutamos. Maturana y sus colaboradores tienden a pensar que éste es el concepto central desde el cual nosotros operamos. Se equivocan. Sin despreciar el concepto de "actos de habla", creemos que es restrictivo y preferimos apoyarnos en el concepto más amplio de competencias conversacionales.

Hay diversos factores asociados a esta ampliación del concepto de "actos de habla". Por un lado, el reconocimiento que, si el hablar es actuar, ese actuar puede realizarse con niveles de competencias muy diferentes, y para poder incidir en ellas es preciso "abrir" cada "acto de habla" e identificar los factores involucrados en cada uno de ellos. Esto permite su adecuado aprendizaje. Pero la razón más primordial es otra. Desde nuestra perspectiva, el factor más importante en nuestras prácticas conversacionales no son precisamente las competencias del habla, sino la competencia de la escucha. Hablamos para ser escuchados. La escucha es lo que valida y determina la efectividad del habla.

Para nosotros la escucha es la competencia conversacional fundamental. Es, por lo demás, un tema en el que hemos profundizado y en el que creemos haber hecho una contribución elemental. También es un tema en el que hemos tenido históricamente diferencias significativas. Desde su perspectiva, posiblemente a partir de su extraño postulado de que somos sistemas cerrados[5], uno dice lo que dice y los demás escuchan lo que escuchan, y no hay mucho más que se pueda hacer. Uno no es responsable de la escucha de los demás.

Desde nuestra perspectiva, asumimos la posición opuesta. Debemos hacernos responsables tanto de la escucha que le prestamos al habla de los demás, como también de la escucha que, con nuestro hablar, generamos en otros. Creemos, por lo demás, que en la medida que profundizamos en la competencia conversacional de la escucha, ello es perfectamente alcanzable. La capacidad de aprender a escucharnos es uno de los aprendizajes más importantes que generamos. La competencia de la escucha es parte central de nuestra ética de convivencia y una palanca fundamental para

---

5   El supuesto de que los sistemas vivientes son sistemas cerrados es la segunda premisa que, en nuestra opinión, conduce a Humberto Maturana a concluir que no existe una realidad independiente del observador. La primera siendo la premisa de que no nos es posible distinguir percepción de ilusión. Ambas, por lo demás, se complementan. Un sistema abierto es aquel que establece una relación de intercambio con su entorno. Por lo que sabemos, este intercambio puede realizarse en torno a tres elementos: materia, energía e información. Sabemos que los dos primeros, materia y energía, están relacionados y pueden convertirse el uno en el otro. Sabemos también que, en torno a ellos, todo sistema establece intercambios con su entorno. El problema, por lo tanto, se concentra en torno al tercer elemento: la información. Humberto Maturana pareciera estar consciente de que los seres vivientes no tienen cómo representar el entorno exterior, sino a través de sus propias condiciones estructurales y no tal como éste es. En otras palabras, no pueden "representar" las condiciones externas a sí mismos. Éste me parece un argumento válido.
     Pero, nuevamente, del hecho de que estas condiciones no puedan ser "representadas" tal como ellas son, no puede deducirse que, a partir de las modalidades particulares de percepción de cada ser viviente, éste no pueda obtener información sobre su entorno y comportarse en él de manera de procurar asegurar su sobrevivencia.
     Desconocer esto implica, entre otras cosas, socavar las bases de la teoría de la evolución. Pero hay otra consecuencia importante. Este mismo desconocimiento socava uno de los fundamentos clave del aprendizaje y de la capacidad de los seres vivientes de incrementar su capacidad de acción efectiva. Las conclusiones que Humberto Maturana extrae descansan entonces en otro importante malentendido.

promover transformaciones positivas en nuestra forma de ser y en los resultados que obtenemos en la vida.

El concepto de competencias conversacionales posee otra implicancia de gran importancia. En toda conversación no sólo participa el lenguaje. También lo hacen la corporalidad y la emocionalidad, las que, por lo demás, están estrechamente relacionadas[6]. Ambas inciden de manera determinante en los efectos y resultados que generan nuestras conversaciones. El desarrollo de la noción de competencias conversacionales, nos obliga, por ejemplo, a comprender adecuadamente el carácter de los fenómenos emocionales, a generar capacidad para hacernos cargo de estos efectos y de producir desplazamientos emocionales para que las acciones que emprendemos con nuestras conversaciones sean capaces de producir los resultados que esperamos.

Pero, ¿de qué manera el concepto de competencias conversacionales incide en nuestra mirada del quehacer empresarial? Lo hace de muy distintas maneras. Quiero limitarme a tres. En la medida que el concepto de competencias conversacionales es una forma derivada del reconocimiento del carácter activo y transformador del lenguaje, éste permite una comprensión muy diferente del fenómeno del trabajo. Hace posible que desarrollemos una noción del trabajo que se desplaza de su vínculo con el despliegue de la fuerza física (fuerza de trabajo), y nos permite reconocer cómo el lenguaje representa un aspecto que, de una y otra forma, lo cruza siempre. La modificación

---

6   Corporalidad, emocionalidad y lenguaje ya habían aparecido como tres ámbitos diferentes en nuestra noción del observador. Ahora, vuelven a aparecer como componentes básicos de nuestras conversaciones.

de nuestra concepción del trabajo es un factor importante de nuestra mirada al quehacer empresarial.

b) Las empresas y las organizaciones como sistemas conversacionales
No sólo sostenemos que los seres humanos somos seres conversacionales. De la misma manera, sostenemos también que los sistemas sociales son sistemas conversacionales. Esto es importante. A diferencia de Maturana, que hace del amor el fundamento de lo social, nosotros sostenemos que el fundamento de lo social es el lenguaje. Pero el lenguaje no es primariamente un atributo de los individuos. Los individuos no acceden al lenguaje como lo hacen con las acciones de respirar, de comer o de caminar, que se generan de manera relativamente espontánea en nuestra existencia. El lenguaje surge de las interacciones lingüísticas que tenemos con otros. El sustrato primario no es propiamente el lenguaje, sino la conversación. Es la conversación la que nos conduce a la adquisición del lenguaje. Quien no esté expuesto a interacciones conversacionales con otros seres humanos, no accede al humano. Es lo que observamos en el caso de los "niños-lobos".

Desde nuestra perspectiva, por lo tanto, una empresa o una organización es un sistema conversacional. Es una red dinámica de conversaciones en conversación con un entorno. Esto no es trivial. Esas conversaciones que constituyen a la empresa como sistema, determinan su nivel de productividad, su grado de competitividad, su rentabilidad, sus principales fortalezas y debilidades, sus éxitos y sus fracasos. En otras palabras, sus condiciones mismas de sobrevivencia.

Cada vez que, como consultores, se nos llama a trabajar en una determinada empresa, la primera y principal pregunta que nos hacemos es: ¿cómo se conversa aquí? En seguida, ¿cuáles son las conversaciones que se tienen?, ¿cuáles faltan?, ¿cuáles son los ámbitos en los que se tiene esas conversaciones?, ¿cuáles son las cosas que se callan en esta organización?, ¿cuán competentes o incompetentes son los miembros de esta organización para asegurar la efectividad de sus conversaciones? Y así, sucesivamente. Para nosotros, los problemas que una organización enfrenta remiten a sus dinámicas conversacionales. De allí que podamos incluso sostener que éstas representan el alma misma de la organización, en el sentido específico de que definen su forma particular de ser. Estamos convencidos de que este acercamiento a las empresas es extremadamente poderoso y que permite dilucidar y resolver gran parte de los problemas y limitaciones que ellas enfrentan.

c) La gerencia como práctica conversacional

Puesto que concebimos las empresas como sistemas conversacionales, nuestra comprensión de la gerencia coloca también a las conversaciones en un primer plano. Esta noción de gerencia resulta de nuestro ya mencionado Modelo Osar. Éste no es lugar para explayarme sobre este Modelo. He escrito largamente sobre él en otras partes. Cabe, sin embargo, hacer un alcance que me parece importante, pues marca otra diferencia fundamental con las posturas asumidas por Humberto Maturana.

El Modelo Osar se inspira en el pragmatismo filosófico que se ha desarrollado en los países anglosajones. Uno de sus rasgos característicos es el de preguntarse siempre para qué sirve el conocimiento que generamos. Todo conocimiento debe traducirse, en definitiva, en acción efectiva y si no lo hace, pudiendo aparecer inicialmente como interesante, termina siendo irrelevante. Tal como lo planteara Charles Sanders Peirce y el conjunto de la escuela del pragmatismo, la pregunta clave es ¿qué diferencia en la práctica hace esta diferencia planteada a nivel del conocimiento? En esto hay un esfuerzo por someter el conocimiento a la vida. En el pragmatismo existe, por lo tanto, un cierto recelo hacia las desviaciones academicistas que corren el riesgo de encerrar el conocimiento en sí mismo, y de perseguir verdades sin preguntarse por el poder eventual que ellas poseen. En lo personal, eso me parece sano. Por lo demás, puede apreciarse que esta sensibilidad pragmatista ha estado presente en muchos de los argumentos ya desarrollados.

Una de las modalidades que asume el pragmatismo es colocar en el centro a los resultados. A partir de una determinada concepción, qué acciones diferentes pueden ser tomadas y cuáles son los resultados distintos que con ellos pueden ahora alcanzarse. El Modelo Osar se articula en torno a esta lógica centrada en los resultados. Eso es lo que nos permite utilizar este mismo Modelo para ofrecer una determinada concepción sobre la gestión o, si se quiere, sobre la gerencia.

Desde esta perspectiva, la gerencia permite ser entendida como una práctica conversacional dirigida a garantizar resultados, alcanzables en el tiempo, en un entorno complejo, incierto y muchas veces competitivo. Cuando hablamos de resultados, ¿de qué estamos hablando? Fundamentalmente de dos cosas: de la capacidad de establecer y alcanzar objetivos y de la capacidad de resolver los problemas que el logro de tales objetivos nos impone. Quizás haya otros elementos que incorporar, pero privilegiamos la simplicidad de esta concepción.

Cuando hablamos de complejidad y de incertidumbre, ¿a qué nos estamos refiriendo? De nuevo, fundamentalmente a dos cosas. Al hecho de que operamos con seres humanos, algunos de los cuales se suman a nuestros esfuerzos por garantizar los resultados y otras veces, buscan objetivos diversos y muchas veces contrarios a los nuestros y que, debido a su actuar autónomo, pueden permanentemente incidir en los procesos tendientes a su consecución. Pero también al hecho de que operamos en un entorno cambiante, marcado por la presencia de contingencias que no siempre estamos en condiciones de anticipar.

Un alcance antes de continuar. La concepción que ofrecemos de la gerencia, si bien da cuenta de lo que se espera de un gerente o directivo, permite su extensión a otros dominios. Esta misma concepción nos sirve para dar cuenta de un atributo fundamental de la adultez, como fase particular del desarrollo del individuo durante la vida. Podemos, por lo tanto, señalar que ser adulto significa desarrollar las competencias necesarias para generar prácticas conversacionales que nos permitan hacernos cargo de nosotros mismos y de quienes dependen de nosotros (generar resultados) en un entorno complejo, incierto y muchas veces también competitivo. Quien no exhibe esta capacidad, habiendo alcanzado la edad en la que socialmente esperamos que ello suceda, diremos que peca de infantilismo.

Pero volvamos a Humberto Maturana, pues, en torno a lo que hemos planteado, podemos identificar dos importantes divergencias. La primera de ellas guarda relación con su aversión a los resultados. Trabajar con las empresas, buscando resultados pareciera ser algo que le produce una gran irritación. Una de las acusaciones que me lanzara apunta precisamente en esta dirección. Mientras yo busco generar resultados, él persigue, en cambio, desarrollar entendimiento. Aquí evidentemente tenemos una diferencia de fondo.

Hay una dimensión relacionada con los resultados que es incluso más importante de lo que acabamos de señalar. Se trata de la relación que los resultados mantienen con la ética. Si buscamos constituirnos en personas éticas, ello implica que asumimos responsabilidad sobre las consecuencias y efectos de nuestras acciones. En otras palabras, que nos hacemos responsables de los resultados que se generan con nuestro actuar. Quien no asume esta responsabilidad no se constituye en una persona ética.

Desde nuestra perspectiva, el ser humano se desenvuelve al interior de un espacio acotado por una triple determinación. En primer lugar, la biología. Como personalmente lo aprendiera del propio Maturana, los seres vivos sólo podemos hacer lo que la biología nos permite.

En segundo lugar, por los horizontes de posibilidades que logramos visualizar y, por lo tanto, por el tipo de observador que somos. Toda posibilidad no es algo que se halla en el mundo exterior, sino que remite siempre al tipo de observador que somos. Esta es una de las premisas sobre las que opera el coach ontológico, quien siempre relaciona los umbrales de posibilidades de una determinada persona con el tipo de observador que ella o él es. Parte de su trabajo consiste en producir experiencias de aprendizaje que conduzcan a un cambio de ese observador, de manera que logre ver dimensiones que antes no observaba y, a partir de ello, logre tomar acciones que previamente le estaban bloqueadas.

Pero el tercer aspecto, también ligado a la noción del observador, no remite a lo que consideramos posible o no posible, sino a lo que estimamos que se debe o no se debe hacer. Este es el fundamento de la ética y ella descansa en un segundo factor que nos define como adultos: el sentido de responsabilidad que asumimos en relación a los resultados que generan nuestras acciones. No acceder a esta última perspectiva, genera nuevamente el síndrome del infantilismo.

Producir resultados es lo que se espera de un gerente. Y cuando éste nos contrata para que trabajemos en su empresa, lo hace por cuanto espera que, a partir de lo que hagamos, se obtengan resultados que incidan en aquéllos con los que él está comprometido. De lo contrario, ¡no se nos contrata! Así de simple. Y cuando lo que hacemos no tiene incidencia en el nivel de desempeño de la empresa y en los consecuentes resultados que ello genera, en vez de producir satisfacción, generamos frustración. Eso lo sabe Humberto Maturana y pienso que es una de las cosas que lo desespera. Una de sus preocupaciones es por qué otros logran generar más demandas de trabajo (en términos propios de él, más "negocio") que lo que ellos logran. La respuesta está precisamente en los resultados. Para determinarlo, es muy importante evaluar los niveles de satisfacción con los que quedan nuestros clientes luego de nuestras intervenciones. En otras palabras, es indispensable escucharlos.

En torno a este mismo punto tenemos otra importante divergencia. Los resultados con los que todo gerente está comprometido acontecen en el tiempo. No son instantáneos. Y lo que sucederá en el tiempo, dadas la complejidad, la incertidumbre y la competitividad, no lo podemos anticipar de manera fehaciente. Para hacerse cargo de este problema, el gerente requiere diseñar sus acciones, anticipar posibles escenarios, detectar las tendencias de cambio en el entorno; en una palabra, requiere de una planificación estratégica.

Pues bien, Maturana ha sido históricamente un enemigo declarado de la planificación estratégica. En algunas oportunidades nos hemos enfrentado a este respecto. Según él, la planificación estratégica muestra su inutilidad por el hecho de que escasamente se logran los objetivos que ella misma plantea. Pienso que esta argumentación se sustenta en una falacia. La planificación estratégica es un proceso dinámico. No se trata de establecer objetivos para ser alcanzados en cinco años y luego esperar llegar a esos cinco años para evaluar si ellos se cumplieron.

Toda planificación estratégica, como bien lo sabe todo gerente, requiere de un monitoreo constante y de correcciones y ajustes recurrentes. Decir esto representa una banalidad. Sin embargo, ha sido un punto de discrepancia. Lo que difícilmente puede ser cuestionado es el hecho de que, incluso en los casos en que la planificación no se cumpla –y sí se cumple en muchos casos– el hacerla o no hacerla implica una importante diferencia en los resultados. Una diferencia a favor de ella. Claro, cuando los resultados dejan de ser relevantes, perdemos el criterio clave para hacer esta evaluación.

En nuestra opinión, la capacidad de incidir y de diseñar el futuro es el tercer y último rasgo fundamental de la adultez. Adulto es aquel que procura hacerse cargo de su desarrollo futuro. Es alguien que comprueba que posee dos opciones básicas frente a la vida. Dejar que ésta sea moldeada por el azar, por las contingencias, o procurar incidir en ellas de manera de llegar donde él o ella aspiran y de devenir el tipo de persona que desea. Ello se traduce en ganar autonomía y capacidad de diseño y planificación. En capacidad de cultivo de sí mismo, como nos lo enseñara Michel Foucault. De allí la importancia que posee en el coaching ontológico el procurar desarrollar en el "coachee" niveles crecientes de autonomía y avanzar en la disolución de sus dependencias. Mantenernos en la dependencia es otra forma de no superar el escenario característico de la infancia.

d) La crisis del actual modelo de gestión y sus vías de resolución

El planteamiento más importante de nuestra mirada sobre el quehacer empresarial ha sido la interpretación que ofrecemos en torno a un tema originalmente planteado por el legendario Peter Drucker, el padre del management contemporáneo. Sobre este tema nos hemos referido múltiples veces en el pasado. Según Drucker, el problema más serio que hoy enfrentan las empresas guarda relación con el hecho de que muchas de ellas están todavía atrapadas en un modelo de gestión que devino obsoleto. Se trata de un modelo de gestión que surge a partir de la resolución que hace un siglo atrás Frederick Taylor ofreciera al problema de la productividad del trabajador manual, el que entonces era el predominante en el quehacer empresarial.

En el curso del siglo pasado, de acuerdo a Drucker, se han registrado cambios muy importantes en relación al mundo de las empresas en el que se desenvolvió Taylor. Hay, sin duda, cambios en el entorno. Sin embargo, el cambio más importante, en su parecer, ha acontecido al interior de las mismas empresas. Se ha producido un cambio fundamental en el carácter del trabajo. Hoy en día el trabajador más importante en las empresas no es el trabajador manual, sino el trabajador del conocimiento. Pero incluso el propio trabajador manual de hoy es muy diferente al de hace un siglo atrás, pues requiere de nivel de formación que antes no era necesario, para garantizar los intercambios simbólicos que hoy exige la tecnología.

En la medida que seguimos atrapados en un modelo de gestión completamente obsoleto, ello se traduce en el hecho de que los trabajadores de hoy y las mismas empresas no están alcanzando sus niveles potenciales de desempeño. Diversos estudios demuestran que en muchas empresas no se logra superar el 20% de sus actuales potenciales de desempeño. Lo que hace falta, concluye Drucker, es que surja un nuevo Taylor, alguien que esta vez no resuelva el problema de la productividad del trabajador manual del pasado, sino que resuelva el problema de la productividad del trabajador de conocimiento. Quien resuelva este problema, nos dice Drucker, "tendrá en sus manos las llaves del futuro" en el mundo empresarial. El camino para lograrlo, nos propone Drucker, implica el desarrollo de lo que se ha llamado "la gestión del conocimiento".

Hasta allí el problema, tal como lo planteara Drucker. Aquí reaparece en nosotros el apego por el pragmatismo filosófico y la importancia de los resultados. La propuesta de la gestión de conocimiento tiene ya varias décadas de desarrollo, y cuando examinamos sus resultados debemos reconocer que, dadas las expectativas en juego, ellos merecen ser calificados de decepcionantes. Ellos están lejos de haber cumplido con las expectativas levantadas. El gran filósofo francés, ya mencionado, Gaston Bachelard, sostuvo una vez que "un problema sin solución suele ser un problema mal formulado". La gente suele concentrarse en las soluciones y no siempre examina su formulación.

Siguiendo el camino propuesto por Bachelard, emprendimos el examen de la formulación del problema en los términos expuestos por Drucker. Nuestra conclusión más importante es que el trabajador hoy predominante no logra ser adecuadamente caracterizado a través el concepto de "trabajador de conocimiento". No desconocemos el papel que ejerce el conocimiento en su desempeño. Pero el énfasis puesto en el conocimiento, en los hechos oscurece otro aspecto que también está presente y que suele pasar inadvertido. El trabajador de conocimiento, cuando aplica estos conocimientos en el trabajo, lo hace a través de prácticas conversacionales. Sus resultados y, por tanto, su productividad, no son sólo una función de sus conocimientos, sino también –y de una forma muy significativa– de sus competencias conversacionales. No olvidemos lo que dijimos anteriormente, en el sentido de que el concepto de competencias conversacionales tenía el poder de permitirnos una interpretación diferente del fenómeno del trabajo. Ya lo vimos en el caso del trabajo gerencial. Ahora volvemos a verlo en el caso del trabajador de conocimiento.

Una vez que se introduce el concepto de competencias conversacionales como uno de los factores determinantes de la productividad del trabajador de conocimiento, podemos avanzar con pie firme en la resolución del problema inicialmente planteado de la necesidad de un nuevo modelo de gestión. El tránsito a este nuevo modelo de gestión es lo que hemos llamado, siguiendo los planteamientos que en su momento hiciera Michael Hammer –el padre de la reingeniería de procesos– el tránsito del modelo del gerente-capataz (basado en la concepción de Taylor) al modelo del gerente-coach. No me voy a detener en describir el conjunto de factores que están implicados en este tránsito, pues lo he hecho en otras ocasiones.

Pero ello implica algunos aspectos centrales que merecen ser destacados. Entre ellos, por ejemplo, reducir significativamente el rol que el modelo antiguo le confería al miedo, e incrementar los espacios de confianza; involucrar a los trabajadores en la definición de objetivos y toma de decisiones, de una manera que estaba completamente ausente en el modelo del gerente-capataz; ofrecerle a los trabajadores espacios crecientes de autonomía relativa y de capacidad de iniciativa; desarmar la estructura de poder vertical y jerárquica del modelo anterior por modalidades mucho más flexibles de control; redefinir el papel del gerente en el sentido de colocarlo al servicio de la capacidad de desempeño de su gente, en vez de concebir a sus subordinados al servicio de las órdenes provenientes de la gerencia; etc.

Entender bien lo anterior representa una condición esencial para poder hacerme cargo de otra importante discrepancia con las posiciones asumidas por Maturana. Es muy importante que se entienda que nuestro trabajo se orienta a producir una profunda transformación en el modelo tradicional de gestión, siguiendo los lineamientos que acabamos de indicar. De lo contrario, lo que deseo plantear a continuación podría ser completamente tergiversado. Lo que debe quedar en claro es que somos altamente críticos del modelo jerárquico y vertical de gestión que existiera en el pasado, y que todavía existe en muchas de las empresas de hoy.

¿Por qué este punto nos es importante? Por cuanto creemos que, si no hacemos esta aclaración, podrían pasar dos situaciones alternativas que conllevan cada una a serios malentendidos. La primera, que frente a lo que plantea Humberto Maturana seamos vistos como defensores de aquel modelo de gestión antiguo que, en rigor, estamos comprometidos a sustituir. La segunda, que podamos ser considerados como compartiendo los planteamientos que, en torno al tema de la gestión empresarial, mi actual contradictor sostiene. Pues bien, ni lo uno ni lo otro.

Los planteamientos que sobre la gestión empresarial hace Maturana son completamente antagónicos con los nuestros. Para él, la empresa debiera dejar de obligar a sus trabajadores, debiera dejar de esperar obediencia de parte de ellos, debiera eliminar toda forma de control sobre sus trabajadores. Debiera permitir que cada uno defina a su manera lo que es pertinente hacer y no hacer. Estamos frente al caso extremo del personaje de Bartleby, en el cuento de Herman Melville, quien, frente a los requerimientos que le hacían, respondía una y otra vez "preferiría no hacerlo".

Aquí no estamos sustituyendo un modelo de gestión por otro. Esto es muy importante reconocerlo. En la medida que se eliminan por completo los mecanismos de control, la gestión como tal desaparece. Una cosa es modificar muy radicalmente los mecanismos de control, sustituir en ellos el miedo por la confianza, expandir los espacios de participación, etc. Pero otra cosa muy diferente es terminar con el control en cualquiera modalidad y permitir que cada uno haga lo que desee y tome las decisiones que quiera. Esto deja de ser gestión, ello niega lo que es propio de la gestión, ello se convierte en anti-gestión.

No hay empresa que pueda funcionar si uno siguiera literalmente las indicaciones de Humberto Maturana. En el escenario sugerido no tenemos cómo hacernos cargo de las condiciones de productividad, competitividad y rentabilidad de la empresa. Ésta simplemente no tiene cómo sobrevivir. Ello compromete tanto el imperativo de garantizar su autopoiesis, como sus posibilidades de evolución futuras. Hemos sustituido el orden por la entropía. Ahora uno comprende por qué sus intervenciones no generan nuevas demandas. Ahora uno entiende el desconcierto en el que la gente que lo escucha suele quedar. Lo que, sin embargo, uno no entiende es cómo es posible que de estas experiencias no se extraigan las conclusiones a las que estas situaciones invitan, y se generen, en consecuencia, las correcciones y los aprendizajes correspondientes.

e) Equipos y procesos de trabajo

Deseo, brevemente, completar esta sección refiriéndome a dos últimos aspectos que conforman nuestra mirada al quehacer empresarial. Ello, con el ánimo de entregar una visión relativamente armónica y más completa de lo que hacemos cuando nos corresponde intervenir en las empresas u organizaciones. En esto, no hay demasiadas diferencias que marcar con los planteamientos de Humberto Maturana. Lo que él hace no tiene nada que ver con lo que nosotros hacemos. Sin embargo, la referencia a estos dos aspectos finales muestra la profunda distancia que existe entre lo que nosotros planteamos y hacemos y el carácter de la propuesta que él realiza.

La reflexión que hemos realizado alrededor del punto anterior nos ha conducido a extraer una importante conclusión. Sin desconocer la importancia fundamental que les cabe a los individuos en las empresas – pues sin ellos éstas simplemente no existirían – ello no impide reconocer que, aunque los individuos son factores indispensables y necesarios en el desempeño empresarial, ellos, por sí mismos, no son factores suficientes para dar cuenta del nivel global de desempeño de la empresa y, por lo tanto, de sus resultados.

En ese sentido, planteamos que las unidades básicas de trabajo de una empresa u organización son los equipos de trabajo y los procesos de trabajo. Éstos, evidentemente están conformados por individuos. Pero la forma como se realiza el trabajo involucra directamente estos dos subsistemas al interior de la empresa: equipos y procesos. Ello implica que, si deseamos incidir en el mejoramiento de los resultados de una empresa, no basta con programas generales de capacitación, dirigidos a todos los individuos por igual, a menos que en ellos se logre aprender los factores que determinan los niveles de desempeño de equipos y procesos y se disponga de la capacidad para asegurar que tales aprendizajes sean efectivamente aplicados a nivel de estas dos unidades o subsistemas.

Siguiendo los lineamientos de la argumentación anterior, planteamos que el desempeño de equipos y de procesos no es el resultado directo del nivel de conocimiento y de las competencias individuales, sino de la manera como, dados tales conocimientos y competencias individuales, esos equipos y procesos establecen modalidades internas de coordinación. Dicho de otra forma, el desempeño de equipos y procesos no es sólo función de esos conocimientos y competencias individuales, sino de sus dinámicas internas de interacción. Tómese en cuenta que estamos cambiando el nivel de observación del dominio meramente individual, al dominio del subsistema social que conforman tanto equipos como procesos. Mientras no efectuemos este cambio del nivel de observación, nos será muy difícil intervenir de manera efectiva en los resultados de equipos y procesos y, por ende, en el propio desempeño de la empresa. Éste es un primer factor importante a considerar.

El segundo factor a considerar es el hecho que cuando procuramos determinar los elementos que inciden en la dinámica de interacciones de estos subsistemas –equipos y procesos– constatamos que lo que se nos revela es el papel determinante que les cabe a nuestras ya referidas competencias conversacionales. No existe otro factor de mayor incidencia en el desempeño de equipos y procesos que, una vez definidos sus objetivos, puedan siquiera compararse al rol que en ellos cumplen a las competencias conversacionales.

Nuevamente, no es éste el lugar para desarrollar este punto y para exhibir cuáles y de qué forma determinadas competencias conversacionales afectan tanto el desempeño de los equipos de trabajo, como de los procesos de trabajo. Ese no es el objetivo de este texto. Pero lo que sí queda claro es que hace ya mucho tiempo que nos separamos de los planteamientos desarrollados por Humberto Maturana. Ya no hay punto alguno de contacto entre lo que él dice y hace y lo que nosotros sostenemos y ejecutamos en nuestras intervenciones. Mal se nos puede acusar, entonces, de estar usando sus planteamientos en nuestro trabajo de consultoría.

7. LA UTOPÍA DEL ANARQUISMO COMO TRASFONDO

Creo que he abordado mis principales discrepancias con la concepción de Maturana. Aunque podría mencionar algunas otras, me parece que éstas, o bien son menos importantes, o se derivan de aquéllas ya tratadas. Bajo entonces mi pluma y me doy vuelta para observar todo cuanto acabo de escribir. Me interesa disponer de una visión de conjunto, de examinar el cuadro completo. ¿Con qué me encuentro? ¿Qué es lo que veo?

Hace ya más de cuarenta años atrás se me pidió que diera un curso sobre los distintos pensamientos revolucionarios que se habían desarrollado en Occidente. Fue una experiencia interesante, de tiempos hoy muy remotos. En ese entonces yo no cumplía todavía mis treinta años. Era otro. Chile era muy diferente. Recuerdo que abordamos los precursores del pensamiento revolucionario, el socialismo utópico, el anarquismo, las distintas corrientes del socialismo posterior, etc.

Pues bien, cuando vuelvo mi mirada y observo los distintos temas que he debido levantar para dar cuenta de las diferencias que mi concepción del ser humano y de la realidad mantienen con el pensamiento de Humberto Maturana, no puedo dejar de reconocer en sus planteamientos un patrón que entonces me era familiar: el patrón del pensamiento anarquista. Eso es lo primero que se me viene a la mente. Se me impone por sí solo. Las distintas posiciones frente a las cuales identifico mis discrepancias me remiten de manera espontánea a una postura general que no puedo sino identificar con las posiciones básicas del anarquismo. No puedo evitar de ver en los distintos núcleos temáticos que he abordado un intento de proveerle un fundamento biológico, una supuesta base científica, a la mirada clásica del anarquismo. Éste pareciera ser el hilo conductor que conecta la gran diversidad de temas que he puesto sobre la mesa, sin otra intención de ser exhaustivo en el conjunto de mis discrepancias.

Estoy lejos de querer atribuirle a lo que he señalado un sesgo peyorativo. No es eso lo que me anima. Hacerlo con la intención de descalificar con ello las ideas de Humberto Maturana, es algo que reprobaría. Es más, pienso que no es necesario. Cada uno de mis argumentos se sostiene por sí solo y estoy perfectamente consciente de que opero en el dominio de las interpretaciones, en el que ninguna de ellas carece de limitaciones, de inevitables sesgos y que, "más temprano que tarde", todas terminarán siendo superadas. De eso no tengo dudas.

Es más, confieso que muchas veces he pensado que hay algo atractivo en los ideales del anarquismo, particularmente cuando ha inspirado a algunos importantes desarrollos culturales. ¿No hay acaso algunos gérmenes del anarquismo en la obra de León Tolstoi? ¿No los encontramos a veces en Albert Camus? Por citar tan sólo a dos grandes autores que aprecio y a los que frecuentemente me refiero en mis programas.

Lo que me parece interesante es el efecto "Gestalt" que se me produce al voltear la mirada. Quisiera, por lo tanto, detenerme por un momento en ello y explicar qué es exactamente lo que percibo. El anarquismo es fundamentalmente una concepción sobre el ser humano y la realidad social que rechaza toda forma de autoridad, de jerarquía y de control social. Que denuncia el efecto opresor y corruptor que las instituciones sociales ejercen sobre el individuo.

El término anarquía proviene del griego y está compuesto del privativo "an" que significa una negación y de la palabra "arché" que se relaciona con la noción de principio. He sostenido en otras partes que esta noción de "principio" permite tres conjugaciones diferentes, todas la cuales se hayan presentes en la noción del "arché". Está, en primer lugar, la idea de inicio o comienzo. De aquello de donde algo proviene. En segundo lugar, está también presente la noción de fundamento, de aquello en lo que las cosas se sustentan. Por último, está la idea de soberanía, de conducción, de establecimiento de un determinado orden. En este sentido, el término "arché", en cuanto principio, se asocia con la noción de "príncipe", de soberano.

El concepto del "arché" representó la gran inquietud de los filósofos presocráticos, los que buscaban descubrir el principio detrás de todos los fenómenos naturales. Él mismo está presente en la manera como nos referimos a las distintas modalidades de gobierno como sucede con los términos monarquía, oligarquía, autarquía, anarquía, etc. Por último, lo vemos también presente en la noción de "arquetipo", frecuente en el pensamiento jungiano.

Más allá de la etimología del término, el anarquismo implica una determinada postura política que rechaza cualquier modalidad de autoridad, pues las entiende como formas diversas de opresión sobre los individuos. En los términos de Pierre-Joseph Proudhon, el gran pensador anarquista francés, la idea es avanzar hacia un ideal de sociedad "sin amo ni soberano". Desde esta perspectiva, toda institución social es mirada con recelo, por cuanto regula y, en tal sentido, restringe el comportamiento social y limita la autonomía individual. "La propiedad es el robo", declara el mismo Proudhon. El Estado aparece como la encarnación del carácter represivo propio de todas las instituciones sociales. El ideal de sociedad es aquella sustentada en la total autonomía de los individuos, a partir de la cual ellos libremente cooperan y se proporcionan ayuda mutua.

Asociado con lo anterior está la idea de no imponer, de no conducir los procesos de transformación social, de dejar que los cambios se produzcan "de abajo arriba", sin que nadie se sienta en la tentación de liderarlos. Las transformaciones acontecen en libre intercambio de los individuos. La autoridad es siempre abusiva. Toda organización es siempre sospechosa y, en último término, innecesaria. Incluso el partido, al que muchas veces los propios anarquistas acuden y se ven inclinados a formar, deviene siendo sospechoso y, por lo general, dura muy poco tiempo. Más cercano a los anarquistas son, por lo general, los sindicatos. En ellos, la autoridad sólo asume el rol de representar las voces de sus miembros.

El elemento fundamental que el pensamiento anarquista cuestiona es la noción del orden. Todo orden es considerado la expresión de un intento de imposición, más o menos explícito. Toda imposición de orden genera caos. Mientras que para el sentido común de la mayoría de las personas, el término anarquía se asocia con el caos, para los anarquistas se trata de lo opuesto. Es lo que apreciamos en el caso de Élisée Reclus, destacado anarquista belga, para quien la anarquía es considerada como "la más alta expresión del orden". Para otros, como el anarquista ruso Piotr Kropotkin, la misma idea es articulada de la manera exactamente inversa: "el desorden es el timbre más glorioso que la humanidad tiene en su historia".

Una importante variante del anarquismo es lo que se ha dado en llamar el "anarquismo feminista". Éste se ha extendido por distintas partes del mundo. Uno de sus rasgos característicos es la fuerte oposición al patriarcado y la defensa de lo que denominan una mirada feminista a la convivencia social, opuesta a las jerarquías y a los mecanismos de control social, los que remitirían a una disposición inherentemente masculina. Susan Brown, escritora anarquista canadiense, proclama: "el anarquismo es inherentemente feminista". Una señera exponente de esta corriente del anarquismo feminista ha sido Emma Goldman, en los Estados Unidos.

Conociendo el fenómeno del anarquismo y sus posturas básicas, resulta muy difícil que, cuando miramos desde cierta distancia al conjunto de la concepción de Humberto Maturana, no veamos entre ambas un patrón equivalente. Éste nos proporciona lo que los coaches ontológicos –tan denostados por Maturana– llamamos "estructura de coherencia":

Hay una dimensión relacionada con los resultados que es incluso más importante de lo que acabamos de señalar. Se trata de la relación que los resultados mantienen con la ética. Si buscamos constituirnos en personas éticas ello implica que asumimos responsabilidad sobre las consecuencias y efectos de nuestras acciones. En otras palabras, que nos hacemos responsables de los resultados que se generan con nuestro actuar. Quien no asume esta responsabilidad no se constituye en una persona ética.

Desde nuestra perspectiva, el ser humano se desenvuelve al interior de un espacio acotado por una triple determinación. En primer lugar, la biología, tal como lo planteáramos previamente. En segundo lugar, por los horizontes de posibilidades que logramos visualizar y, por lo tanto, por el tipo de observador que somos. Toda posibilidad no es algo que se halla en el mundo exterior, sino que remite siempre al tipo de observador que somos. Esta es una de las premisas sobre las que opera el coach ontológico, quien siempre relaciona los umbrales de posibilidades de una determinada persona con el tipo de observador que ella o él es. Parte de su trabajo consiste en producir experiencias de aprendizaje que conduzcan a un cambio de ese observador, de manera que logre ver dimensiones que antes no observaba y, a partir de ello, logre tomar acciones que previamente le estaban bloqueadas. Pero el tercer aspecto, también ligado a la noción del observador, no remite a lo que consideramos posible o no posible, sino a lo que estimamos que se debe o no se debe hacer. Éste es el fundamento de la ética y ella descansa en un segundo factor que nos define como adultos: el sentido de responsabilidad que asumimos en relación a los resultados que generan nuestras acciones. No acceder a esta última perspectiva, genera nuevamente el síndrome del infantilismo.

Tras las concepciones sustentadas por él, no podemos dejar de reconocer una nítida y marcada sensibilidad anarquista. La concordancia entre sus posiciones y esta particular sensibilidad, no dejan de sorprendernos. Esperamos que el lector que conozca el conjunto de la obra de Humberto Maturana, dados los antecedentes entregados, coincida con nosotros.

RELACIÓN CON LA BIOLOGÍA Y LA CONCEPCIÓN DE MATURANA EN MI DESARROLLO INTELECTUAL

La sección anterior estuvo marcada por dos ejes. Por un lado, el protagonismo fue asumido por las ideas y conceptos que separan la concepción de Humberto Maturana de la mía. Nosotros, como personas, pasamos a un segundo lugar y en rigor dejamos de ser visibles. Los protagonistas fueron los argumentos esgrimidos para sustentar una u otra posición. Por otro lado, lo que hice fue un análisis desde el presente. El énfasis estuvo marcado por algunas de las diferencias que, en mi opinión, nos separan al nivel de estas ideas. La mirada desplegada fue una mirada sincrónica, que prescinde del tiempo.

En esta sección –que me ha parecido prudente dejar para el final, pues es menos importante que la anterior– estos dos ejes se revierten. Ahora somos nosotros, Humberto y yo, quienes ocuparemos el primer plano, mientras las ideas y conceptos se repliegan. Pero también aparece la dimensión temporal, pues examinaré, desde mi perspectiva, lo que ha sido nuestra relación en el tiempo y cómo ésta ha evolucionado, desde lo que en un momento fue a lo que ha llegado a ser hoy en día. Esto implica que nuestra mirada será diacrónica, marcada por el transcurrir del tiempo.

Me ha parecido importante incorporar esta sección por cuanto los ataques que Humberto me dirigiera fueron personales, y debido a que se alude al carácter de nuestra relación intelectual, la que ha tenido cambios muy significativos en el tiempo. Lo que fue mi vínculo intelectual con Humberto en el pasado y el carácter de su influencia en lo que entonces pensara, es muy diferente de lo que han devenido hoy. No puedo decir que Humberto no ha tenido influencia en lo que pienso, pues la tuvo. Tampoco puedo decir que esa influencia está vigente hoy, pues en la actualidad, aunque existente, resulta poco significativa.

Es muy posible que el lector quiera saltarse esta sección. Lo entiendo y lo acepto. Pienso que lo más importante es lo que ya está dicho. Pero siento un deber personal, casi una obligación, de referirme a nuestra relación desde una perspectiva histórica pues me parece de justicia reconocer el papel que Humberto tuvo en mi desarrollo intelectual, así como creo necesario mostrar cómo esa influencia se fue progresivamente diluyendo. No diría bajo ninguna forma que nuestra relación se haya "deteriorado" pues, de mi parte, siempre sentí un gran respeto hacia él y su obra. Debo confesar que, para mí, ha sido una sorpresa desagradable constatar que esto no era recíproco.

PERÍODO EN EL QUE ESTUVE DE ESPALDAS A LA BIOLOGÍA

Durante mi formación escolar nunca me interesé demasiado por la biología. Los ramos en los que ésta se abordaba no me suscitaban mayor interés y los solía aprobar con calificaciones mínimas. Mi interés solía dirigirse a los problemas "macro", ligados a la convivencia social, al futuro de la humanidad y a las temáticas más culturales, literarias y filosóficas. Aquello que, en general, guarda relación con lo que se define como las humanidades. La gran excepción a ello eran las matemáticas, las que siempre me fascinaron y en las que descubría tener una disposición innata.

Esto marcó mi trayecto por treinta y siete años, incluyendo aquel período en el que obtuviera mi doctorado en Inglaterra, a inicios de 1978. En éste, sin embargo, tuve que acercarme a la historia y a la filosofía de las ciencias, y al hacerlo ello despertó en mí el interés por Darwin y la teoría de la evolución. En Inglaterra, por lo demás, era difícil no abrirse al reconocimiento de la gran contribución intelectual de Darwin.

En 1978 volvía a Chile con mi doctorado en la mano. Mi inserción laboral no fue fácil pues estábamos en plena dictadura y yo había sido de los primeros docentes expulsados de la Universidad Católica al momento del Golpe de Estado. Es ese entonces yo era miembro de su Consejo Superior. Logré, sin embargo, desenvolverme adecuadamente en aquellos espacios académicos que el Cardenal Raúl Silva Henríquez había abierto, bajo el manto protector de la Iglesia, para los académicos progresistas que no teníamos posibilidad de ser aceptados en las universidades militarmente intervenidas. En 1980 debí volver por seis meses a Inglaterra. Durante ese tiempo, retomé mi acercamiento a Darwin y a la teoría de la evolución, aunque la biología siguiera siendo para mí una temática todavía lejana. Sin darme mucha cuenta, sin embargo, me estaba acercando a ella.

A mi retorno a Chile, en 1981, tuve una experiencia que devendría un hito en mi desarrollo intelectual y que cambiaría por completo mi relación con la biología. Por casualidad fui a ver una película francesa, atraído por la fama alcanzada por su director, Alain Resnais.

Se trataba de *Mon oncle d'Amérique*. En ella trabajaba un joven actor que luego llegaría a ser famoso, Gerard Depardieu. La película versaba sobre las investigaciones que en Indochina había realizado un biólogo francés, Henri Laborit. El tema central de sus trabajos era el de la comprensión de los condicionamientos biológicos del comportamiento social de los seres humanos.

En el trasfondo de estas investigaciones se reconocían dos elementos que me parecieron interesantes. En primer lugar, la tesis ya clásica, de Paul McLean –que diera lugar a la teoría del cerebro triuno– en la que se distinguían las distintas funciones cerebrales de las tres capas del cerebro humano, capas que se desarrollaron en los mamíferos en el transcurso del desarrollo evolutivo. En segundo lugar, el mostrar patrones recurrentes de comportamiento entre ciertos animales, particularmente mamíferos, y los seres humanos.

El impacto que en mí tuvo esa película fue muy grande. En ese momento, habiendo ya obtenido mi doctorado, consideraba que algo sabía sobre el comportamiento social de los seres humanos. Sin embargo, esa película me mostraba que había una forma poderosa de acercarse a lo mismo, forma que me era completamente ajena y que hasta entonces jamás había percibido. Por esos hechos casuales de la vida, recuerdo que compartí esa inquietud con un buen amigo, sociólogo. Él me comentó que hacía muy poco había sido invitado por Francisco Varela a un grupo de estudio, integrado por diversos biólogos, todos de muy buena formación, en el que se proponían precisamente estudiar los condicionamientos biológicos del comportamiento social. Habían estimado que era importante que en ese grupo hubiera un sociólogo y lo habían invitado a él. Luego de asistir a dos o tres sesiones, había concluido que eso no era algo que le interesara y, por lo tanto, pensaba en renunciar. Me preguntó si podía proponer mi nombre para que yo lo sustituyera. Le respondí que me encantaría.

Me integré a ese grupo de estudio ese mismo año de 1981[7]. Éste funcionó hasta fines de 1987, cuando yo tuve que partir a los Estados Unidos, momento en el que el grupo se disolvió. Fueron casi siete años de trabajo ininterrumpido en los que leíamos, debatíamos y aprendíamos con gran entusiasmo. Por lo general, nadie faltaba a nuestras reuniones semanales. Para todos, ellas se convirtieron en una alta prioridad. Esta fue una experiencia determinante en mi vida y en mi desarrollo intelectual. Desde entonces, el interés por la biología ha estado presente en todo momento y ella es parte integrante de todo lo que propongo. Pienso que esta experiencia fue también muy importante para el resto de los miembros del grupo.

Al comienzo nos juntábamos en el laboratorio de Francisco Varela, en la Facultad de Ciencias. Enseguida, hubo un tiempo en que nos juntamos en la casa de Ennio Vivaldi. Pero luego, y durante el período más largo, nos reuníamos en mi departamento. Comenzamos trabajando los libros de Edward O. Wilson, *Sociobiology* y *On Human Nature*. Luego abordamos múltiples otros temas. Para cada sesión, nos poníamos previamente de acuerdo en determinadas lecturas y ellas servían de base para nuestras discusiones. En noviembre de 1986, realizamos como grupo una mesa redonda en el Congreso de Biología

---

7   Este grupo de estudio estuvo integrado por Francisco Varela (desde la Facultad de Ciencias de la Universidad de Chile) –Francisco, que había inicialmente convocado al grupo, nos dejó posteriormente, debido a que partió a Alemania–, por Rosa Devés, Carlos Valenzuela, Ennio Vivaldi y Nestor Lagos (desde la Facultad de Medicina de la Universidad de Chile), por Ana María Pino, Luis Valladares y Miguel Llanos (del Instituto Nacional de Tecnología de Alimentos, INTA) y por mí. De los nueve miembros iniciales, terminamos siendo ocho.

que se realizara en Pucón. El tema: los condicionantes biológicos en el comportamiento social de los seres humanos[8]. Contamos con una numerosa audiencia.

Fue en el contexto de ese grupo de estudio que, en 1981, conocí a Humberto Maturana. Dado que en sus inicios funcionábamos en el laboratorio de Francisco, en la Facultad Ciencias, Humberto se sumó un par de veces a nuestros debates. Estando tan cerca, era difícil sustraerse de ellos. Con esta experiencia, se cerró el ciclo de mi desarrollo intelectual en el que le había dado la espalda a la biología.

Desde entonces comprendí que era imprescindible pensar los fenómenos propios de la existencia humana, teniendo siempre presente lo que nos dice la biología. Esta convicción me ha acompañado desde entonces. La biología ha sido un área permanente de interés, de lectura y de constante aprendizaje, que no me ha abandonado nunca. He incursionado en la biología evolutiva, en genética y, más recientemente, en los sorprendentes avances que ha realizado la neurobiología. En su conjunto, éste ha sido un campo que ha enriquecido no sólo mi pensamiento, sino el conjunto de mi vida y del que estoy inmensamente agradecido.

EL INICIO DE MI RELACIÓN CON HUMBERTO MATURANA

A partir de mi amistad con Francisco Varela, Humberto inevitablemente apareció en mi radar. Para acercarme al pensamiento de Francisco, tenía que acercarme también a la obra de Humberto, pues en ella

---

8   Ver Resúmenes de Conferencias, Simposios y Comunicaciones, *Archivos de Biología y Medicina Experimentales*, Órgano de la Sociedad de Biología de Chile, Vol. 19, No.2, noviembre de 1986.

ambos habían colaborado. Los libros *De máquinas y seres vivos* y *El árbol del conocimiento* fueron mi primera puerta de entrada. De allí siguieron muchas otras lecturas. De ellas salía siempre muy estimulado.

¿Qué era aquello que en su momento me cautivaba?, ¿cuáles fueron los principales atractores que me acercaron al pensamiento de Humberto? Pienso retrospectivamente que fueron cinco, de diferente nivel de importancia. El primero, tenía relación con la propuesta del concepto de autopoiesis, como factor explicativo de los seres vivos. Las distancias con este concepto vinieron después. En segundo lugar, me sorprendió el intento de Humberto de buscar explicar el conocimiento desde la biología. Formado inicialmente en una epistemología dualista, que separaba cuerpo y mente, me resultaba asombroso acercarse a los fenómenos de la mente desde el cuerpo.

Es pertinente, a estas alturas, hacer un alcance. Es importante distinguir entre lo que representa el proceso del desarrollo intelectual de una determinada persona y el orden en que se sitúan en él las diferentes ideas, del proceso de desarrollo de esas mismas ideas. El momento en el que uno se encuentra por primera vez con una idea, no suele ser el instante en que tal idea nace. Se trata de dos procesos completamente diferentes. Me interesa establecer esa distinción, pues frecuentemente nos pasa que luego que alguien nos introduce a un determinado concepto, nos damos cuenta de que ese mismo concepto tenía ya una larga historia y había aparecido mucho antes de la persona a través de la cual nosotros lo aprendimos.

Dada mi inicial ignorancia en biología, sucedió muchas veces con algunas ideas a las que accedí a través de mi relación con Humberto y con Francisco. De hecho, pronto descubrí, por ejemplo, que lo de procurar explicar los fenómenos de la mente a partir de la materia, era algo que ya estaba presente en la filosofía de Baruch Spinoza, desarrollada en la segunda mitad del siglo XVII, presente también en Nietzsche y su crítica del dualismo, y representaba una perspectiva que era recogida por la biología evolutiva en su conjunto.

Un tercer elemento que me atrajo fue lo que llamo el postulado de la determinación biológica del comportamiento de los seres vivos. Humberto y Francisco lo articulaban de manera magistral en *El árbol del conocimiento*, cuando señalaban "sólo podemos hacer lo que la biología nos permite". Esto, para mí, resultó un aprendizaje fundamental en el abordaje que desde entonces hago sobre los fenómenos humanos. Sin embargo, luego descubrí que esto distaba de ser una idea original de Humberto y de Francisco. Sin embargo, no puedo negar que fue a través de ellos que yo accedía a esa idea, que sin embargo, no sólo es parte de la mirada de la biología evolutiva, sino que es también la premisa central de la neurobiología.

Hay un cuarto elemento, de menor importancia, al que debo referirme. Humberto, desde muy temprano, definía el amor como la aceptación del otro como legítimo otro. Desde un primer momento, pensé que aquello que definía no era exactamente el amor, si no el respeto. Más adelante, cuando me vi en la necesidad de definir lo que entendía por el respeto, elemento central en mi abordaje del tema de la escucha, incorporé, modificándola, esta definición entregada por Humberto sobre el amor. Sostuve que el respeto es la aceptación del otro como diferente, legítimo y autónomo.

Es interesante destacar que el elemento que aparece en mi definición es la autonomía. Ésta representa uno de los pilares éticos del discurso de la ontología del lenguaje y de la disciplina del coaching ontológico que en él se inspira. De allí que me parezca absurdo que una de las acusaciones que Humberto lanzara sobre el coaching ontológico es que generamos dependencia y comprometemos la autonomía individual. Hacemos lo opuesto: promovemos autonomía. Él debiera, al menos, informarse mejor.

Por último, el acercarme al pensamiento de Humberto fue para mí una puerta de entrada al enfoque sistémico. Observando cómo él pensaba, cómo argumentaba, dí mis primeros pasos en una modalidad sistémica de reflexionar que me ha acompañado desde entonces. Es cierto que luego me he abierto a múltiples otros pensadores sistémicos que en esos momentos no conocía. Pero no puedo desconocer que, desde el punto de vista de mi desarrollo intelectual, Humberto me introdujo en la mirada sistémica.

No en vano, cuando doy cuenta del enfoque sistémico en uno de los capítulos de mi libro *El búho de Minerva*, Humberto tiene allí un papel muy destacado. Como lo he dicho en otra parte, ese lugar debió haber sido compartido también por Francisco Varela, si Humberto no me hubiese insistido que cada una de las ideas abordadas en ese capítulo había sido desarrollada por él, con total prescindencia de Francisco, pese a que ellas eran expuestas en libros de los que ambos aparecían como autores.

Humberto me acusa de haber usado sus ideas. Cuando me pregunto a qué ideas se puede estar refiriendo, constato, sin embargo, que no aparece, en mis proposiciones, ninguna de las mencionadas arriba. La única que se menciona, de manera explícita, es la concepción del observador. Pues se equivoca. Desde un primer momento he disentido de su concepción del observador. Los argumentos en los que fundo nuestras discrepancias fueron ya desarrollados en la sección anterior.

¿De dónde proviene entonces mi concepción del observador? Es importante advertir que me he caracterizado siempre por reconocer de manera explícita las influencias que están presentes en lo que sostengo.

Es algo que no omito. Más allá de las elaboraciones que yo mismo he hecho al respecto, mi concepción sobre el tema del observador se apoya, en lo fundamental, en dos importantes influencias. En primer lugar, en el perspectivismo de la filosofía de Nietzsche. Desde muy temprano, Nietzsche nos insiste en que la realidad y los hechos, se nos presentan siempre a través de interpretaciones.

Pero, además de Nietzsche, este es un tema abordado en profundidad por la hermenéutica, rama de la filosofía que se preocupa precisamente de los fenómenos interpretativos. Desde hace mucho tiempo, he profundizado en la hermenéutica, desde los escritos de Friedrich Schleiermacher, fundador de la Universidad de Berlín y el padre de la hermenéutica y de la teología modernas, pasando luego por Whilhelm Dilthey, Martin Heidegger, Hans Georg Gadamer y Paul Ricoeur, todos los cuales conforman la cadena de los grandes pensadores hermenéuticos. Frente a ellos, el aporte de Humberto es muy pequeño y diría, incluso, disonante.

Con todo, no puedo dejar de reconocer que mi encuentro con el pensamiento, tanto de Humberto como de Francisco, constituyó una influencia importante en mi desarrollo intelectual, lo que valoro y que ningún ataque personal, por muy injusto e inmerecido que lo considere, puede hacerme olvidarla. Influencia de la que, debo declarar también, estoy agradecido. Sin embargo, si hoy examino la importancia y significación de esa influencia en mi pensamiento actual, debo también concluir que ella, en gran medida, ha devenido superflua, a la luz de nuevos hallazgos e interpretaciones personales en el desarrollo de mi pensamiento. La sección anterior así lo atestigua.

ALGUNOS HITOS DE MI RELACIÓN POSTERIOR CON HUMBERTO

1. *La separación de Humberto y de Francisco*

A comienzos de los años 80, Humberto y Francisco decidieron seguir caminos separados. Luego de una fructífera relación, la que, a mi modo de ver, da lugar el período más destacado en el desarrollo intelectual de Humberto, la relación de colaboración que habían mantenido se terminaba. Mi relación personal, hasta entonces, había sido mucho más cercana con Francisco que con Humberto, a quien, en rigor, lo conocía más por mis lecturas que fruto de una relación personal con él. Con todo, opté por soltar mi relación con Francisco y acercarme más a Humberto. Francisco partía al extranjero y declaraba que lo hacía motivado por la búsqueda de dos caminos diferentes. Por un lado, su trabajo científico, pero, por el otro, su desarrollo espiritual, que lo ligaba al budismo tibetano. Humberto, por el contrario, aparecía orientado tan sólo por su compromiso con las ciencias. Ello me hizo sentir más cerca de él. Lo del budismo tibetano no resonaba conmigo.

Mirado este episodio desde el presente, confieso que me equivoqué. Francisco demostró que era perfectamente posible seguir ese doble camino, sin comprometer su rigor científico y desarrollando una interesante carrera en áreas críticas de la biología. Es más, su acercamiento al budismo le permitió, para mi sorpresa, realizar incursiones científicas significativas. Al desarrollar el resto de su carrera en el extranjero, Francisco se inserta en la comunidad científica internacional, tanto en Europa como en Estados Unidos, y desarrolla allí una interesante labor de identidad personal en torno a los distintos temas que aborda. Humberto, por el contrario, se queda en Chile, se involucra en emprendimientos que me parecieron algo decepcionantes y se rodea de colaboradores que, en mi parecer, son de escaso nivel intelectual y científico. Sus contribuciones entran en una curva declinante. Esto último, sin embargo, será algo que iré percibiendo en el transcurso del tiempo.

2. *El arranque de mis primeros programas de formación en coaching ontológico*

A fines de la década de los 80 e inicios de la década de los 90, estando yo radicado en los Estados Unidos, decidí crear mi propia empresa. Con un par de socios, creamos The Newfield Group, en San Francisco. En 1991 lanzábamos el primer programa de formación de coaches ontológicos. Nadie había hecho algo parecido antes. Era un programa en inglés, para un público norteamericano, aunque abierto a participantes de otros países. En su primera versión, contamos con varios participantes que provenían de Chile y de Argentina.

Yo asumí la responsabilidad de hacer el diseño de esos programas y se me ocurrió que ellos podían iniciarse con un Taller, realizado por Humberto, que permitiera a los alumnos entender la importancia de la biología en la comprensión del conjunto de los fenómenos propiamente humanos. Así lo hicimos. Contratamos a Humberto para que fuera a San Francisco e impartiera un taller de tres días en torno al conjunto de su concepción. Acordamos con él que filmaríamos ese taller y que, en los programas futuros, les proporcionaríamos a nuestros alumnos las cintas grabadas.

En 1993, a partir del éxito alcanzado con este primer programa, decidimos hacer otro en castellano, dirigido a personas provenientes de España y de América Latina. Nuevamente nos pareció importante iniciarlo de la misma manera que el anterior, con un taller de tres días, impartido por Humberto, en que se abordaran los mismos temas que habían sido tratados en San Francisco. Ese taller se realizó en Santiago y fue grabado, tal como lo fuera el primero. Las cintas con las grabaciones se les entregaron, por un tiempo, a los participantes que se integraban a sus nuevas versiones.

Personalmente, siempre he creído que esos dos talleres entregaban la mejor versión del pensamiento y la persona de Humberto. No sólo estaban incluidos todos los grandes temas que conformaban su concepción, sino que ellos eran presentados de una manera bastante más clara que la desarrollada en sus libros. En mi opinión, Humberto, en su versión oral es muy superior a Humberto en su versión escrita, en la que suele desarrollar una argumentación circular no siempre fácil de seguir. Además, en los talleres aparecía la persona de Humberto, despertando el aprecio y el encanto que todos quienes lo conocemos, sabemos que posee. Humberto no sólo enseñaba, también enamoraba. Terminábamos queriéndolo. Desde hace mucho tiempo he insistido que será muy importante publicar las transcripciones de esos talleres y he ofrecido facilitar las cintas grabadas para que ello pueda hacerse.

Curiosamente, pasaba también algo de lo que me percaté, en la medida que volvía sobre esas cintas. En la medida que el taller avanzaba, crecía un cierto desconcierto en los participantes. Mucho de lo que Humberto argumentaba, no les hacía sentido, y en las respuestas que ellos entregaban a sus preguntas, las dudas, cada vez más crecientes, no lograban dilucidarse. Había una cierta contradicción entre el encanto del presentador y la consistencia de los argumentos que desplegaba. Me tomó un cierto tiempo reconocer lo anterior. Al cabo de un par de años, decidimos no seguir entregándoles a nuestros participantes las cintas grabadas con estos talleres. El aprendizaje que se obtenía de ellas era escaso y a menudo confundían más que incrementaban sus nociones.

Poco tiempo después, en el contexto del trabajo de capacitación de directivos y docentes que realizaba en México con el Instituto Tecnológico de Monterrey –universidad con la que todavía me une una relación de colaboración muy estrecha– invité a Humberto para que ofreciera un Taller sobre su propuesta. Éste se realizó en Querétaro y todos quedamos muy satisfechos con los resultados.

3. Nuestro encuentro en Puerto Vallarta

Un par de años más tarde, ya habíamos formado varios cientos de coaches ontológicos que nos pedían poder profundizar en los conocimientos que nuestro programa de formación les entregaba. Promovimos entonces un gran encuentro en Puerto Vallarta, con la intención adicional de lanzar una primera federación internacional de coaches ontológicos. A este evento invitamos a varias personalidades que, de una u otra forma eran incorporadas en la formación que entregábamos. Entre ellas, invitamos a Walter Truett Anderson, quien pronto devendría en Presidente de la World Academy of Art and Science, dependiente de la Unesco. Invitamos también a Humberto, a quien nuestros graduados conocían a través de las cintas grabadas y querían verlo en persona. Hubo otros invitados y, por supuesto, nuestras propias presentaciones.

Durante ese evento, almorcé con Humberto y con Beatriz, su esposa. Me interesaba conversar con él sobre dos temas que en ese momento me inquietaban. El primero de ellos guardaba relación con un planteamiento que Humberto había comenzado a levantar y que me generaba ruido. En su opinión, todo cambio se realiza guiado por una voluntad de conservación, y resultaba más importante identificar qué era aquello que se busca conservar, que poner el énfasis en lo que se pretendía transformar. Hacer esto último implicaba, a su parecer, distorsión. Más importante que la transformación era la conservación.

Desde mi perspectiva, este planteamiento me desconcertaba. A esas alturas, yo había ya profundizado en la filosofía de Nietzsche y el planteamiento de Humberto no me hacía sentido. Digámoslo de otra forma: sin negar que ese argumento pudiera plantearse, éste representaba, en mi opinión, la manera menos interesante para acercarse al fenómeno del cambio. Me hacía mucho más sentido arrancar del reconocimiento de la profunda incompletitud y vulnerabilidad de los seres y de su impulso por avanzar hacia modalidades nuevas, distintas y mejores de ser y de vivir.

La noción del *übermensch*, que nos propone Nietzsche apunta precisamente a eso. A la necesidad de comprometernos con los desafíos de superación de nosotros mismos y de transformación del mundo. Me parecía más poderoso colocar la perspectiva de la transformación en el centro del coaching ontológico, que la perspectiva opuesta de la conservación. Me dí cuenta, sin embargo, de que el compromiso con la transformación era algo a lo que Humberto se oponía. No había nada que transformar. La transformación sirve a la conservación. Concluí que teníamos diferencias más profundas de las que yo hasta entonces había advertido.

El segundo tema que entonces me interesaba abordar con Humberto era algo más trivial. Creía haber percibido que, cuando uno leía una entrevista de Humberto, realizada por un hombre, la identidad que el entrevistado proyectaba era mucho más interesante, sus respuestas eran más rigurosas, sus argumentos más provocadores. Pero cuando quien lo entrevistaba era una mujer, algo pasaba, pues experimentábamos la sensación que sus respuestas buscaban congraciarse con la entrevistadora y se perdía rigor, el nivel intelectual de las respuestas menguaba. Humberto se convertía en un ser manso y acomodaticio. Me parecía importante advertírselo, pues yo pensaba que tal vez él no lograba advertirlo. Recuerdo que Beatriz estuvo de acuerdo con lo que yo apuntaba. Humberto se rió con mis observaciones y todo terminó allí. Cuando, más adelante, cayó en mis manos el libro que Humberto escribiera con Susana Bloch sobre *Biología de las emociones*, me pareció que este mismo patrón volvía a repetirse. Pensé que era un libro lamentable. Algo similar me sucede con los escritos de Humberto con Ximena Dávila. Están muy por debajo del nivel a que Humberto nos tenía acostumbrados.

4. *La entrevista a Humberto del año 1996*

A pesar de estos desencuentros, mi relación con Humberto era muy positiva y todavía me consideraba gran admirador de su obra. Había, por lo demás, algo que no dejaba de impresionarme. Me refiero a su capacidad de pararse por sí sólo, de exhibir una notable capacidad de pensamiento autónomo, rasgo que, en mi parecer, era muy poco habitual en el ambiente intelectual de Chile. Reconozco que en la literatura hemos tenido compatriotas que han demostrado una excepcional estatura, pero no veía lo mismo en el campo del desarrollo de las ideas.

Se trataba de una percepción que se había formado durante el período de mis estudios de doctorado en Inglaterra. El tema de las tesis de doctorado de mis compatriotas chilenos solía decepcionarme. Los temas, por lo general, eran de limitada envergadura. Investigaban cuestiones teóricas secundarias, o bien se concentraban en temáticas muy concretas, ligadas a aspectos de nuestra historia local. No veía un intento de plantearse desafíos intelectuales de mayor trascendencia, que pudieran incidir en el debate mundial de ciertas temáticas.

Pues bien, percibía en Humberto una excepción a esta regla. Se atrevía, no se achicaba, buscaba pensar en grande y todo ello me asombraba. Me propuse identificar qué factores en su vida podían haber contribuido en esa disposición que tanto valoraba. Para lograr este propósito, le propuse entrevistarlo, para indagar sobre algunos aspectos esenciales de su vida. No se trataba de una entrevista sobre ideas. El objetivo era otro.

La entrevista se concretó en 1996, en uno de mis escasos viajes a Chile, pues yo vivía, como dije, en los Estados Unidos. Nos juntamos en su laboratorio. Conversamos durante hora y media y lo hicimos sobre su infancia, sobre la importante relación con su madre; me contó de la difícil y compleja relación con su padre; hablamos de su experiencia en la escuela, de sus estudios universitarios y de su período de estudios de postgrado en Inglaterra y en Estados Unidos; conversamos también de su ambigua relación de colaboración con Francisco Varela.

Humberto ha dicho que estas entrevistas fueron muchas, que se extendieron por varios meses, que habríamos conversado sobre sus ideas y que luego yo habría escrito y publicado mi libro *Ontología del lenguaje*, en el que repito sus ideas, sin otorgarle el correspondiente crédito por ellas. Eso es falso. La entrevista fue una sola, duró una hora y media, no conversamos sobre ideas; mi libro, *Ontología del lenguaje*, había sido publicado dos años antes (en 1994) y en él reitero mis agradecimientos por la influencia que entonces Humberto ejercía sobre mí.

Mi idea, tras aquella entrevista, era la de escribir un artículo sobre los factores que habían permitido la emergencia de este pensador, que entonces admiraba, y su manera particular de pararse en el mundo. El año 1996 fue un período particularmente difícil en mi vida; luego de encarar diversas situaciones problemáticas, terminé por abandonar los Estados Unidos y me trasladé a vivir en América Latina. En ese traslado perdí la cinta en la que había grabado mi intercambio con Humberto y opté por abandonar mi proyecto de escribir ese artículo. Así se lo comuniqué y él pareció estar de acuerdo con mi explicación.

He dicho, recientemente, que hubo un factor adicional. No quedé conforme con los resultados obtenidos de esa entrevista. Más que identificar los factores que buscaba, la imagen que Humberto proyectaba de sí mismo en sus respuestas no era la que yo esperaba, y me preocupó que si daba a conocer estas respuestas pudiera afectar su identidad pública. Me pareció preferible cuidarlo. Después de todo, ninguno de los hechos y comentarios que me había hecho comprometían el valor y la importancia de sus ideas, tal como entonces lo consideraba.

5. La jornada en Electricidad de Caracas

Años más tarde, un importante cliente nuestro en Venezuela, Electricidad de Caracas, luego de extenso e importante trabajo con nosotros, decidió invitar a Humberto para que ofreciera una media jornada a sus empleados. Dada la estrecha relación que ellos percibían que existía entre él y yo, fui invitado. La idea era que Humberto hiciera una exposición de alrededor de dos horas y que luego se abriera un espacio para preguntas y respuestas.

En su exposición, Humberto se refirió a dos cuestiones con las que estuve en desacuerdo. En el espacio abierto para preguntas y respuestas, aproveché la oportunidad para hacerle presente mis discrepancias y para escuchar las repuestas que podía ofrecerme. No descartaba que, al escuchar sus respuestas, pudiera entenderlo mejor y llegar incluso a compartir sus planteamientos. Mis objeciones se centraban en torno a su crítica a la planificación estratégica y a una afirmación que había reiterado varias veces durante su presentación, en el sentido que el deseo era el factor que estaba siempre detrás del crecimiento y desarrollo de los seres vivos.

Sobre lo primero, ya me he referido y sólo llegamos a establecer que efectivamente discrepábamos. Su respuesta distó de convencerme. En relación al segundo tema, le hice presente que me extrañaba que el planteamiento que hiciera se alejara de las posiciones asumidas sobre este tema por las propias ciencias biológicas y la teoría de la evolución, en sus desarrollos más recientes y que me parecía que el argumento del deseo podía implicar una suerte de antropocentrismo, pues me parecía extraño poder decir, por ejemplo, que el crecimiento de un árbol estaba guiado por "su deseo". Humberto escuchó mi objeción. Sin embargo, en vez de responderme, sólo me señaló que, aunque estaba en condiciones de rebatirla, requería de bastante más tiempo del que disponía, para poder hacerlo.

Me sentí desconcertado. Quedaba con la sensación que mi distancia con Humberto era mucho mayor de lo que hasta entonces había sido capaz de percibir. A partir de ese momento, me fui progresivamente alejando de lo que él planteaba y no busqué concretar otros encuentros personales. Nuestra relación había entrado en otra fase. Estaba, sin embargo, lejos de dramatizar esta situación. Seguía sintiendo admiración y respeto por Humberto y por el papel que él había jugado en mi desarrollo.

6. El episodio de Reflections

De vuelta en los Estados Unidos, además de mi trabajo habitual, me incorporé por dos años al Comité Coordinador Internacional de la Society for Organizational Learning (SoL) que dirige el profesor de dinámica de sistemas del MIT, Peter Senge y en el que participaran importantes profesores tanto del MIT como de Harvard. A poco andar, SoL patrocinó una revista, *Reflections*, dirigida por el psicólogo y profesor de Harvard, Edgar Schein.

En un determinado momento me contactaron de *Reflections* para que escribiera un comentario sobre un artículo de Humberto y la amable bióloga canadiense, Pille Bunnell, que programaban publicar. Había conocido a Pille en un viaje que hiciera a Vancouver para asistir a uno de los congresos de la World Academy of Art and Science, de la que soy miembro. Acepté con mucho gusto leer el artículo que me mencionaban y hacer mi comentario.

Al leer el artículo, constaté que tenía varias discrepancias significativas con lo que en él se sostenía. Mis críticas eran tres y, dado el desenlace de este episodio, no creo necesario abundar en ellas. Escribí mi comentario, anunciado que tenía estas tres críticas y planteando que, antes de desarrollarlas, me parecía importante advertir que no descartaba que ellas pudieran ser el resultado de mi incapacidad de comprender cabalmente lo que los autores procuraban expresar. Señalaba que, de hecho, esto era algo que, en mis primeras aproximaciones al pensamiento de Humberto, ya me había pasado. Aquello que en un momento se me presentaba como que no tenía sentido, era el resultado de no haberlo entendido adecuadamente. Estaba haciendo un cuidadoso esfuerzo por no aparecer haciendo una crítica que fuera escuchada como dura y descalificadora.

Para mi sorpresa, luego de un par de semanas, recibí un mensaje del editor de la revista, indicando que había compartido mi comentario con los autores y que ellos me pedían que yo excluyera de mi texto dos de mis tres críticas, y que ellos corregirían la argumentación que había desarrollado. El editor me advertía que estaba consciente de que esto era algo muy poco habitual y altamente irregular, que el trabajo que les habían entregado Humberto y Pille lo habían considerado como definitivo y que dejaba en mis manos aceptar o rechazar la petición que los dos autores me hacían. Respondí que no había problema, que, si ellos estaban dispuestos a modificar su argumentación, yo no tenía inconveniente en sacar de mis comentarios esas dos críticas. Estaba consciente de que todo esto resultaba muy extraño, pero no me interesaba aparecer criticando a Humberto si él mismo me concedía que su argumentación estaba equivocada.

Este episodio parecía mostrarme algo. En esta oportunidad, la balanza de mi relación intelectual con Humberto parecía inclinarse a mi favor. Esta vez mis argumentos no eran respondidos con el silencio, sino que lo obligaban a replegarse; esto era algo nuevo para mí.

7. *La acusación de Humberto de que me he apropiado de sus ideas y de que estoy lucrando con ellas.*

Pasaron algunos años y, a partir del 2006, comenzamos a trabajar en Chile, gracias a la invitación que nos hiciera una universidad. Hasta entonces —y desde hacía casi diez años— mi trabajo se había restringido en lo fundamental, con pocas excepciones, a países del hemisferio norte. Lo hacíamos en Estados Unidos, España, México, Brasil, Colombia, Venezuela, Ecuador y, durante un tiempo, también en Argentina. En Chile, hacía ya bastante tiempo que no trabajaba.

Pues bien, en uno de los primeros programas que entonces realizamos en Chile, en el inicio del primer Taller —momento en que solemos pedirle a los participantes que se presenten y compartan por qué se han inscrito en el programa— se levantó una persona que dijo ser consultor y señaló que estaba allí por cuanto quería ver cómo nosotros lucrábamos con las ideas de su maestro. "–¿Y cuál es tu maestro?", le preguntamos. "–Humberto Maturana", nos respondió. Confieso que esa intervención nos sorprendió a todos. Este consultor, por lo demás, ha hecho público este episodio en una entrevista que, en torno a la polémica suscitada recientemente con Humberto, le hiciera un medio de prensa virtual. Recuerdo que al escucharlo me pregunté, "–¿De dónde habrá sacado esta persona que nuestros programas se basan en las ideas de Humberto?" La respuesta que entonces vino a mi mente fue,– "Posiblemente de la casa de su maestro". Sin embargo, confieso que no di mayor importancia a este episodio.

Lo que el consultor en su entrevista omite –y frente a lo cual hay múltiples testigos –es que al final del programa volvió a pararse en la sala para disculparse de lo que inicialmente había dicho y para aseverar que ahora se daba cuenta de que lo que nosotros hacíamos era del todo diferente de lo que planteaba y hacía Humberto Maturana. Pocos días después nos volvía a contactar para que creáramos una alianza en la que pudiéramos trabajar juntos. Así lo hicimos durante casi dos años, hasta que nuestros caminos se separaron y nuestra relación se mantuvo sólo a nivel de la amistad.

Un par de años después, cuatro exalumnos nuestros, que se habían inscrito en un programa de formación que ofrecía Humberto, nos informaron que Ximena Dávila, colaboradora de Humberto, hablando en presencia de éste, se había referido al profundo dolor que Humberto sentía por el hecho de que yo le hubiese usurpado sus ideas y trabajara con ellas, sin darle el debido reconocimiento. Recuerdo que le reporté este hecho al consultor antes mencionado y éste me señaló que aquél era un comentario que él había escuchado reiteradas veces, tanto de Ximena Dávila como del mismo Humberto. Constataba que, lamentablemente, habíamos pasado a otra fase en nuestra relación: del repliegue a la descalificación personal.

Con esa información, en septiembre de 2008, opté por escribirle a Ximena Dávila– con copia a Humberto – quien, según lo que se me había informado, era la persona que había lanzado estas acusaciones. En mi mensaje refutaba cada uno de los elementos que estaban presentes en ellas. Ximena Dávila me respondió muy amablemente, señalándome que, en efecto, esto era algo que ella había dicho, pero que lo había hecho en función de lo que el mismo Humberto le informara. Y que, por lo tanto, esperaba que él me respondiera directamente. En efecto, a los pocos días, Humberto me respondió, señalándome que se trataba de un malentendido; que él sabía que en lo que yo planteaba había múltiples otras influencias –más importantes incluso que la de él–, refiriéndose a mi "gran obra" y que no veía ningún problema en aceptar que discrepáramos en muchos temas. Yo me di por satisfecho y archivé todo el asunto.

Pero he aquí que el 21 de enero de este año –hace un mes– en una entrevista que le hiciera un medio de prensa de Santiago, Humberto vuelve a hacer esas mismas acusaciones; esta vez de una manera mucho más dura e infamante, añadiendo a ellas otras acusaciones adicionales, igualmente falsas. Debo confesar que nunca había pensado que algo así podía suceder. En el Dossier que acompaña este texto, entrego todos los antecedentes relacionados con esta polémica. Lo que en ella yo argumentara, no lo voy a repetir en estas líneas, pues está a disposición del lector. Quien se interese en conocerlo, puede acudir a estos antecedentes. Entre ellos, he incluido mi intercambio de mensajes con Ximena Dávila y con Humberto, del año 2008, cuando creía que había logrado disipar definitivamente el fantasma de estas mismas acusaciones

PALABRAS FINALES

Me parece importante dejar en claro que éste no es un debate que yo haya iniciado. No es tampoco un debate que yo hubiese deseado iniciar. Esta experiencia me ha sido dolorosa. Humberto había sido alguien importante en mi desarrollo intelectual y, por mucho tiempo, lo consideré un amigo. Me es difícil olvidar las muchas conversaciones tenidas con él alrededor de un café en su laboratorio en Santiago o caminando por San Francisco o por los muelles de Berkeley. En muchos sentidos, Humberto fue para mí un modelo de que uno podía pararse en sus propios pies y pensar por su cuenta. Quizás eso fue lo más atractivo que percibía en él. Siempre me pareció también una persona amable, querible, con la que uno podía abrirse con mucha facilidad y hablar de los temas más diversos.

Hago presente que he esperado que, dado lo sucedido y las aclaraciones que he realizado, Humberto diera un paso adelante y declarara que se había equivocado. No he aguardado una disculpa, tan sólo el reconocimiento de haberse equivocado, como pienso que lo demuestra, de modo fehaciente, el conjunto de antecedentes que he entregado. De haberlo hecho, este escrito no hubiese sido necesario. Puedo vivir sin tener que referirme a las diferencias que mantengo con Humberto y sin tener que recordar los distintos hitos de nuestra relación. Ha pasado un mes y Humberto no ha hecho ninguna rectificación.

Pues bien, dados las descalificaciones y ataques recibidos, he escogido responder y entrar, independientemente de mi voluntad, en la confrontación de ideas, dado que ellas también han sido aludidas en estos ataques. El lector sacará sus propias conclusiones. Personalmente, quedo con la sensación de haber hecho lo que tenía que hacer, a pesar de lo desagradable que esto me ha sido. No escogemos las circunstancias de la vida. Pero somos responsables de la manera cómo reaccionamos frente a ellas. Al final de cuentas, los resultados sí importan.

Aventura, 23 de febrero de 2016

DOSSIER DE PRENSA Y CORREOS ELECTRÓNICOS

Descripción: Compendio de artículos de prensa aparecidos en orden cronológico tras entrevista de Humberto Maturana en Revista Capital e intercambio epistolar entre Rafael Echeverría y Humberto Maturana.

Humberto Maturana:

"No tengo nada que ver con el Coaching"

El científico y filósofo Humberto Maturana, está molesto y quiere contar su verdad. Acusa un mal uso de su trabajo como insumo para el coaching, el que, a su juicio, tiene algo de conspirativo, de manipular al otro y de crear cierta dependencia. Y da nombres y apellidos. Sobre la corrupción en Chile, dice que ésta no es responsabilidad de un modelo económico, sino que siempre es de las personas.

Entrevista Revista Capital
Santiago, 21 de enero de 2016
Por: Margarita Hantke [1]

Humberto Maturana accedió a dar esta entrevista porque hace tiempo se siente incómodo. El día que se estrenó la serie de minidocumentales LabStars (que transmitió Canal 13) sobre destacados científicos chilenos –donde Maturana figuraba como uno de ellos–, el biólogo se preocupó: líderes mundiales lo alababan como el hombre que revolucionó el entendimiento de lo humano, incluido el Dalai Lama que, incluso, le agradeció haberle cambiado la óptica de su filosofía. Sin embargo, y a diferencia de los demás videos, el suyo no dejaba claro cuál es su aporte.

---

1   Agradecemos a Margarita Hantke y *Revista Capital* por autorizar la reproducción completa de la entrevista al Doctor Humberto Maturana.

Hace poco, en la Expo Milán, estando con el ex presidente Lagos, Maturana contó a la Escuela de Terapia Sistémica lo que hace en Matríztica y tuvo que dejar en claro que, al igual que ellos, el coaching nunca ha sido parte de su quehacer. Pero lo que finalmente lo llevó a acceder a contar aquí su molestia, se produjo durante su visita a la Escuela Superior de Administración de Empresas (ESADE), en España, donde lo felicitaron por ser el "abuelo del coaching ontológico".

-¿Usted tiene que ver con el coaching ontológico?
-Nada.

Maturana no es cualquier científico. Sus ideas no sólo remecieron al Dalai Lama, sino que inspiraron el juego en cancha que llevó al club Barcelona a la cima (sí, lo estudian Cruyff, Guardiola, Paco Seirulo, Zubizarreta, Lillo, y motivaron el cambio cultural en HP, siendo Carly Fiorina, hoy candidata republicana, la gerente de Recursos Humanos).

Sus ideas han derivado en asesorías a ilustres de la talla de la ex candidata brasileña Marina Silva, e incluyendo a todos los jefes de Estado de Chile (hasta Pinochet quiso conocerlo), empresarios famosos, ministros, epistemólogos, entre otros. Sus libros han sido traducidos a más de 20 idiomas, las dos nominaciones suyas al Nobel fueron aceptadas, en suma, todos quieren conocer a Humberto Maturana. ¿Por qué, entonces, un científico que parece rock star aparece relacionado con conceptos que no tienen nada que ver con su trabajo?

EL ORIGEN

-Es conocida la historia suya con Fernando Flores. ¿No será ése el punto de partida en que su trabajo científico y epistemológico se contaminó con el concepto de "coaching"?

-Puede ser. A ver, la señora de Fernando Flores me pidió si podía ir a verlo a Tres Álamos (el campamento de prisioneros políticos que operó en dictadura). Él había leído *De máquinas y seres vivos* y quería conversar. Así que fui dos o tres veces por mes durante ocho meses a hablar de biología del conocimiento y lenguaje.

-¿En Tres Álamos permitían eso? ¿Y, usted, por qué aceptó?

-El lugar era la antesala al exilio o "liberación". Yo la llamaba la Escuela de Altos Estudios Políticos porque todos eran políticos. Y accedí porque me dedico a "profesorear". No había nada humanitario, sino el interés de conocer a quien había leído mi libro y compartir mis ideas con alguien que mostraba curiosidad. Fue una relación profesor-alumno, nada personal o de formar amistad.

-Pero a Flores usted ya lo conocía de antes...

-Sí, durante la visita de Stafford Beer, un cibernetista que vino a Chile en la época de Allende para implementar el proyecto Cybersyn, un sistema que le iba a permitir al Gobierno saber en tiempo cero y en presente mismo el estado de la producción de las distintas empresas estatales en Chile. Con el golpe militar, Beer y otros se tuvieron que ir.

-Ustedes con Flores se vuelven a encontrar. En Estados Unidos, cuando él ya había partido al exilio...

-Fernando recibió una invitación de Werner Erhard para formar parte de la fundación. Me tocó viajar y nos juntamos varias veces. Un día, Erhard me invitó a pasar por allá y a hacer un informe de uno de sus talleres donde participaban unas 300 personas y que duraban tres días. La gente hablaba de sus dolores, en una situación bastante catártica.

-¿Y qué puso en su informe?
-Primero, que parecía una cofradía. Segundo, había gente dispuesta a contar cosas muy personales. Muchas mujeres violadas por parientes. Y que no cabía aplaudir porque culturalmente el acto implica, aunque no se quiera, aprobación. No estaba de acuerdo con sus teorías del entendimiento. Fernando, en todo caso, estaba muy involucrado con la fundación y había sacado un Doctorado en Filosofía en Berkeley. Conversamos mucho y él inventó lo que llamó "conversaciones para la acción", que eran talleres donde toma la idea del coaching de unos filósofos ingleses y lo une al concepto de "actos del habla".

-Es decir, Flores lo inserta a usted –sus teorías– en esta suerte de mix de ideas...
-Usó lo que aprendió conmigo y el tema de los actos del habla con una visión política. Yo nunca he tenido esa visión porque no hago las cosas para obtener resultados. Yo busco comprender la naturaleza del vivir. Fernando le da un toque empresarial. Como político, tenía muchas conexiones y redes y eso le permitió ganarse la vida inventando talleres. Pero no tuve nada que ver con lo del coaching. Ahora entiendo que no sólo era su biólogo de bolsillo, sino también su filósofo de bolsillo. A fines de los 80, él ya estaba impregnado de lo que había aprendido conmigo: no existe realidad independiente del observador y, por lo mismo, no hay verdad absoluta sino operaciones de distinción que hace cada observador.

-En todo caso, parece que lo ayudó a difundir su obra, porque después varios discípulos de él usaron sus ideas en propios proyectos...

-Tuvo dos discípulos en especial, Rafael Echeverría y Julio Olalla, que después se separan de Fernando y me invitan a hacer algunas conferencias filmadas. No tuve problema, porque quedaba claro que yo era el que decía lo que decía. El problema vino después, cuando tomaron mis conceptos –el observador, por ejemplo– y lo redefinieron a su arbitrio.

-¿Y le pagaron por esas charlas filmadas?

-Sí. Yo era bastante conocido y haberme pedido a fines de los 80 que participara de esta manera de sus talleres les daba cierto prestigio, pero eso no quería decir que estuviera haciendo el taller con ellos.

Cuando mira hacia atrás, Maturana no descarta que la distorsión se originara en su relación con Fernando Flores. "(Él) le da un toque empresarial. Como político, tenía muchas conexiones y redes, y eso le permitió ganarse la vida inventando talleres".

-Ahora, usted no puede impedir que otros tomen su obra y la interpreten o apliquen a su manera...

-No. Lo que sí me parece poco ético es lo que hicieron después. En algún momento, Echeverría me dice que quería escribir la historia de mis ideas. Acepté y nos estuvimos reuniendo periódicamente por meses. De repente, esto se acaba y no supe nunca más de él hasta que un día nos encontramos en la calle. Fue posterior a la publicación de su libro *Ontología del lenguaje*. Lo saludo y le pregunto "bueno, ¿y qué pasó con el libro que ibas a escribir de mis ideas?". Me dijo que no se acordaba. "Pero cómo, si incluso tenías registros en cintas", le comenté. Y me contestó que las cintas se borraron y que él había sufrido de amnesia.

-¿Amnesia? ¿De verdad o estaba siendo irónico?
-Me lo dijo en serio. No sé cómo interpretarlo. Y cuando vi su libro me di cuenta de que había unas cuantas referencias a mi persona, pero que gran parte del escrito usaba mi lenguaje textual.

-¿Y por qué no lo demandó?
-Porque hasta el día de hoy lo que busco conservar es un quehacer ético.

-¿O sea, usted asume las consecuencias de no haber actuado?
-Sí. Yo no busco resultados y mi principal aspiración es comprender la naturaleza del vivir, nunca me quedo atrapado en nada. Me gusta trabajar solo o con alumnos o con colaboradores efectivos. Como en Matríztica, donde con mi socia, y mis colaboradores, ya llevamos 17 años trabajando juntos.

LA ÉTICA, LA AUTONOMÍA Y LA MANIPULACIÓN
-Con el tiempo, usted decide fundar su propia empresa. Y delegar la gestión...
-Sí. Primero con mi socia y con la que pagamos caro nuestra ingenuidad. Unos contadores nos robaron varios millones de pesos. Pero luego convocamos a un grupo de colaboradores que, desde el respeto por lo que hacemos, nos hemos mantenido siempre los mismos. Para mí, Matríztica fue lo que llamo la "sobrevida".

Significó la posibilidad de seguir existiendo de manera creativa. Me amplió la mirada reflexiva y de acción. Estaba dedicado a entender los seres vivos como podrían ser las mariposas y ahora entiendo que los seres humanos no somos mariposas, sino seres biológico-culturales.

-¿Y, entonces, por qué se le siguen apareciendo los fantasmas del pasado?

-Bueno, por eso me gustaría aclarar y distinguir entre lo que algunos ofrecen como talleres de coaching colgándose de un concepto que yo acuñé, la biología cultural, y lo que Matríztica realmente hace. Cuando Flores, Echeverría y Olalla juntan mis conceptos del observador y del lenguaje como coordinaciones consensuales de la emoción y el hacer en el convivir con lo que ellos tomaron de filósofos ingleses –coaching y actos del habla–, me involucran en consultorías que jamás se me ocurriría impartir.

-Algo tendrán los actos del habla que hicieron millonarios a Flores y varios otros llamados "coach"...

-El riesgo de los actos del habla es que los puedes transformar en instrumentos de manipulación, más que en responsabilidad de tu quehacer. El "coaching ontológico" ha terminado en un modelo donde la persona desaparece. Se erige como un manual con los pasos a seguir. Las grandes escuelas de pensamiento de Europa han dejado atrás el concepto de coach no sólo porque tiene algo de conspirativo, de manipular al otro, sino también porque crean una cierta dependencia. Y el coach pronto prueba que no tiene la energía ni tiempo de hacerse cargo del coachee. Le entregan una técnica y no se hacen cargo de lo que pueda pasarle una vez terminada la relación. He conocido casos donde se pierde el foco. Empresas que contratan a un "experto" para que haga coaching a un grupo de ejecutivos, por ejemplo, con la finalidad de conocerlos y "ablandarlos" para luego despedirlos. Para que entiendan que lo mejor es dejar de trabajar en ese lugar. Y está el coach, que construye una relación con 30 personas para después decirles que tienen que dejar sus puestos. No es un trabajo fácil.

-Algo tendrá Maturana que igual los coach e "imitadores" buscan citarlo...
-Pienso que tienen una relación dual conmigo. Muchos venden sus propios servicios de coaching "basados en la teoría del lenguaje del doctor Maturana". Y así como me usan, me mantienen lejos del negocio. Les sirvo por el nombre, pero no por lo que verdaderamente enseño, porque eso supone un trabajo mayor de aprendizaje que permita entregar entendimiento. No técnicas, sino reflexión.

-¿Qué quiere, a fin de cuentas?
-Me gustaría dejar en claro que yo vivo en un quehacer ético y que soy respetuoso de quienes deciden dedicarse a hacer coaching. La conciencia ética es indispensable para que haya respeto, honestidad y colaboración. La convivencia democrática sólo ocurre si hay: honestidad, mutuo respeto, equidad, ética social, reflexión, colaboración y conversación. Y todo esto deberíamos aprenderlo espontáneamente desde pequeños y si no es así, más tarde de manera intencional en la reflexión. También se pueden abrir conversaciones liberadoras. Como lo pone un colaborador, si un gerente de informática sabe perfectamente cómo funciona un computador, ¿por qué las personas que trabajan con personas no saben cómo ellas operan y funcionan?

"HOY NO ESTAMOS VIVIENDO EN DEMOCRACIA"

-¿Cuál es su lectura de los casos de colusión que se han conocido en los últimos meses?

-Me parecen una vergüenza. Lo magnífico es que se están conociendo. Antes estaban y no se veían. Estos casos revelan la psiquis de una forma cultural muy antigua de obtener ventajas a cualquier precio, sabiendo que se trata de conductas deshonestas. Que ahora se estén investigando es un buen comienzo para limpiarnos de tanta basura.

-Estos casos y los escándalos políticos han demolido las confianzas. Y sin confianza no hay colaboración. ¿Cómo hacer para recuperarla?

-La confianza no es una cosa que se pone o se saca. Como dice mi colega, Ximena Dávila, las relaciones de

"Cuando se viola la confianza, se borra la historia. Por lo tanto, se requiere un nuevo comienzo. La gran responsabilidad de los empresarios y políticos hoy es comenzar conscientemente a convivir en la honestidad".

confianza surgen producto de una historia de convivencia en la que no nos sentimos traicionados. Es un modo de convivir en que me importa la armonía de la comunidad a la cual pertenezco y cuando se viola esa confianza, se borra la historia. Por lo tanto, se requiere un nuevo comienzo. La gran responsabilidad de los empresarios y políticos hoy es comenzar conscientemente a convivir en la honestidad.

Hablamos mucho de que volvió la democracia, pero ¿volvió? ¿Democracia es sinónimo de apertura para la pillería? La democracia sólo ocurre en un convivir en la honestidad, en la ética social, la colaboración, la equidad, la conversación que lleva a la reflexión en el deseo de vivir y coexistir juntos que permite corregir los errores.

Pero esto puede ocurrir sólo si se desea. ¿Lo deseamos de verdad? Lo que me preocupa es que hoy no estamos viviendo en democracia, lo muestran la corrupción, las mentiras hasta en el ámbito deportivo y los conflictos étnicos. ¿Desde dónde es que no nos podemos poner de acuerdo para una convivencia que sea, en efecto, democrática?

-Para algunos, estamos viviendo un cambio de paradigma en el que la sociedad se hace cada vez más horizontal. ¿Coincide?
-Un cambio de paradigma habla de cambio de reglas. Pienso que esa expresión no hace referencia al modo de vivir espontáneo en la honestidad que se vive como algo propio, como algo que queremos. Sí creo que estamos en los albores de un cambio de modo de vivir y convivir, en la medida en que nos damos cuenta de que vivir en la deshonestidad nos avergüenza y no queremos conservarla. Por lo tanto, no basta con anunciar que hoy estamos en un cambio de paradigma. Más bien ocupémonos seriamente hacia dónde queremos ir como país.

-¿Qué responsabilidad le atribuye al libre mercado en que haya desigualdad y escándalos de corrupción?
-La corrupción no es responsabilidad de ningún modelo o teoría económica. Es siempre de las personas. Echarle la culpa a algún modelo económico es no asumir responsabilidad y revela ceguera social. La corrupción no surge de un modelo político o económico sino de la ambición, avaricia y el afán de poder, emociones todas que llevan a la deshonestidad.

-¿Debiéramos avanzar hacia otro modelo de desarrollo?
-El crecimiento económico no es lo central. Más bien la transformación de la economía con una visión de los procesos

cíclicos de conservación de la armonía de la biósfera y la antropósfera (creaciones humanas), con conciencia de que todo crecimiento indefinido de la población lleva al desastre biológico-ecológico. Esto implica un cambio en nuestra psiquis relacional que está distorsionada por la ambición, la competencia y la búsqueda de éxito.

-Si pudiera asesorar a la presidenta Bachelet, ¿qué le diría?
-Que fuera ella misma y que actúe desde su conciencia social y ética.

-Pero así es como se ve que está actuando. Y, sin embargo, tiene alto nivel de rechazo...
-Bueno. Es parte de las consecuencias de lo que ella quiere conservar. Tal vez le diría que escuche más las quejas y dolores del ciudadano común y corriente.

-¿Le han preguntado desde el Gobierno su opinión sobre las reformas y otros temas?
-No.

-La gratuidad universitaria, ¿ayudará a aliviar las tensiones sociales en Chile? ¿Y a mejorar la calidad de la educación?
-La gratuidad no es lo central, sino el hecho de que la educación será responsabilidad del Estado y con ello su costo lo pagarán los contribuyentes. Cuando estudié en esas condiciones, me sentí agradecido por haber recibido la educación de esa manera y con sentido de responsabilidad social por ello. Si no se es consciente de esto, se entiende la gratuidad como algo sin valor, cuando es exactamente lo contrario. Lo importante es que la juventud crezca

consciente de su responsabilidad social hacia la comunidad que ha hecho posible su educación como ciudadanos. Si sucede, el país vivirá una verdadera democracia en la colaboración y el mutuo respeto. Y si somos honestos, disminuirán las tensiones que hoy se viven. La calidad estará determinada por su orientación hacia la formación de ciudadanos serios y responsables, cualquiera sea su quehacer. Y esto depende de la formación humana, no sólo técnica, de los profesores y profesoras.

Lo que sigue es una profundización de las ideas centrales de la entrevista original y un breve resumen de la Biología Cultural del Dr. Humberto Maturana y el Instituto Matríztico, publicados en la página web de Revista Capital con posterioridad a la entrevista impresa: http://www.capital.cl/poder/2016/01/28/110126-profundizando-en-la-entrevista-a-humberto-maturana

---

LAS OTRAS RESPUESTAS DE
HUMBERTO MATURANA

Su relación con Flores, las diferencias con el coaching y la biología cultural son algunos temas que el premio nacional de Ciencias ahonda en estos párrafos inéditos de su entrevista con Capital.

Humberto Maturana, científico y filósofo, dio una extensa entrevista a Capital en la cual tocó temas como el coaching, la corrupción en Chile y la educación. Pero eso no fue todo. Revise a continuación preguntas y respuestas que no salieron en la revista, pero que es importante conocer ya que profundizan sobre ciertos temas de interés.

Por: Margarita Hantke[1]

SU RELACIÓN CON FLORES

Humanista, no humanitario

"Fui a Tres Álamos a conversar con Fernando en un afán no humanitario. Cuando dices 'humanitario' supones una cosa especialmente bondadosa, pero cuando yo trabajo con estudiantes, ¿estoy siendo humanitario? No, estoy siendo su profesor y escucho sus preguntas sobre lo que esté hablando. Como yo 'profesoreo', busco entender y me mueve la curiosidad. Tenía interés por conocer

1   Agradecemos a Margarita Hantke y *Revista Capital* por autorizar la reproducción completa de la entrevista al Doctor Humberto Maturana.

a este hombre preso, interesado en las máquinas y seres vivos –el nombre de mi libro– y que habitaba con otros jerarcas presos que habían estado en la Isla Dawson. Así que si tengo que definir por qué fui durante meses a hablar con Fernando utilizaría el término 'afán humanista'.

Lo que encuentra cuando visita a Flores en EEUU
"Fernando tuvo oportunidad de integrar la fundación de Werner Erhard y varias veces me invitó a pasar por allá. Estuve tres meses en Stanford y ahí lo vi y conversamos mucho más. Cuando crea los talleres de "conversaciones para la acción" –donde no tuve ninguna participación– entendí que Fernando, como político que era, buscaba usar sus conexiones y relaciones con el propósito de obtener resultados de alguna naturaleza. Eso es ser político y no es necesariamente una cosa negativa. Más aún si decide agregarle un toque empresarial porque, mal que mal, tenía que ganarse la vida. Y lo entendía, pero no compartía porque yo no me muevo así. A mí me interesa comprender la naturaleza del vivir. Fernando, yo creo, tenía en ese momento tres facetas: la de político, que menciono, la de tecnólogo, que busca tener tecnología conceptual para hacer las cosas. Y la tercera, ser empresario con el fin de lograr una posición estable que le permitiese volver a Chile y dedicarse a la política. Ahí todavía no aparece esta supuesta relación mía con el coaching.

De hecho, lo primero que hago en Estados Unidos es conocer a Erhard, con quien Flores colaboraba. Werner me pide que asista a uno de sus talleres para realizar un informe. Lo primero que noto es que el tema central de éstos era demostrarle a las personas que carecían de consistencia y que se les ofrecía una salida que les permitiera recuperar esa cualidad y hacerse responsables de ellas mismas. Estaban los graduados del entrenamiento EST, (Erhard Seminar Training) y formaban una verdadera hermandad de mutuo apoyo. Werner les mostraba a los asistentes que carecían de integridad, pero que él tenía una teoría que les ayudaría a recuperarla. Por ejemplo, se tomaban varios acuerdos al comienzo del taller como dejar los relojes afuera, no tomar la palabra si no se le concedía, pedir permiso para ir a hacer 'pipí' y aplaudir después de que alguien dijera algo. Ese aplauso significaba 'hemos escuchado'. Y pasaba que a alguien le sonaba la alarma del reloj. Paraba el taller y se hacía ver al resto que ahí tenían una demostración de falta de integridad porque se había comprometido a dejar el reloj fuera y muchas cosas más, como no hacerse responsable de los compromisos.

El aplauso era muy interesante porque no podemos evitar que en nuestra cultura éste signifique aprobación. Entonces, las personas contaban las cosas más terribles, situaciones de mucho sufrimiento, como mujeres que habían sido violadas, y luego la gente aplaudía. Mi copia del informe que escribí y en que dejaba claro que el aplauso no sólo no era señal de haber escuchado, sino de aprobar y que esto tenía consecuencias sobre las personas que estaban dispuestas a contar su dolor en estas circunstancias, se quemó en el incendio del laboratorio de la Facultad de Ciencias de la Universidad de Chile. Pero debe haber otro rondado por ahí.

Esta influencia de Erhard le permite a Fernando crear un taller donde utiliza los actos del habla. Después escribió un libro con Terry Winograd, un destacado profesor de Ciencias de la Computación, que logró impacto en gente que estaba empezando a trabajar –todavía no había Internet– con computadores y sistemas de programación. Con estos talleres y consultorías Fernando logró su apogeo a fines de los 80 y ahí él ya estaba impregnado de todo lo que había aprendido conmigo sobre el lenguaje, el observador, el conocimiento y todo eso".

Las diferencias con el coaching

"Los discípulos de Fernando, Rafael Echeverría y Julio Olalla, se separan de su maestro para comenzar sus propios grupos y me invitan a hacer algunas conferencias. Si bien han reconocido siempre que los actos del habla pertenecen a Fernando, el observador que plantean –a veces utilizando las mismas conferencias que dicté para ellos– no tiene que ver con el observador que defino en la biología cultural. Hay un cierto reconocimiento a mis ideas, pero explicadas de una manera que no tiene nada que ver con mis teorías.

Cuando decido dar esta entrevista, lo hago pensando en que es una buena oportunidad para aclarar y distinguir entre lo que algunos ofrecen como talleres de coaching tomando conceptos que yo acuñé y lo que realmente hacemos en Matríztica. Cuando Flores, Echeverría y Olalla juntan mis conceptos de observador, distinciones, el lenguaje como coordinaciones en el convivir con lo que ellos tomaron de filósofos ingleses –el coaching y actos del habla– me involucran en consultorías que jamás se me ocurriría impartir.

Los actos de habla tienen una potencia especial. Son operaciones en las relaciones humanas muy nítidas: promesas, peticiones, declaraciones, juicios, afirmaciones. Cada una está definida. Fernando entendió su fuerza y me contó por qué. Un día un amigo le pidió plata prestada. Cuando se la pasó, le preguntó qué día exacto pensaba devolvérsela.

"Te la voy a devolver", decía el amigo, pero Fernando insistía en un compromiso más explícito. Claro, la gente se ve obligada y cumple. Fernando lo pensó como un instrumento, algo más que una cosa circunstancial. Porque si prometes algo, habrá una queja por el incumplimiento. O porque no fuiste claro en estipular lo prometido. Pero los actos del habla no son el lenguaje, sino actos lingüísticos. El lenguaje, en cambio, es un fluir en el convivir que se ha conservado desde los 3 millones y medio de años en que comenzamos a vivir en el lenguaje. Con el lenguaje no se originan actos de habla sino coordinaciones en el convivir que hacen posible la subsistencia de la familia ancestral. Es lo que se ha conservado generación tras generación en el aprendizaje de los niños. Y eso a mucha gente le cuesta entenderlo. O no requieren entender porque es más cómodo decir que el lenguaje señala "cosas".

—Volviendo a la tema de las cintas que Echeverría grabó con sus conversaciones, que él diga que las perdió no borra el hecho de que usted lo recibió varias veces, en el laboratorio de la Universidad de Chile y que hubo gente que fue testigo de esos encuentros. Si usted piensa que luego Echeverría se apropió de sus ideas, ¿por qué no lo denunció?

—Porque no es parte de mi quehacer ético. Lo que me mueve es comprender la naturaleza del vivir. Eso me permite no quedarme atrapado en nada. Me voy moviendo en libertad y en cualquier dirección. Además, por esos años, no me preocupé de qué harían con esas grabaciones. Fue la época en que me quedé sin trabajo en la Universidad de Chile. Entonces, empecé a vender mis clases al mejor postor. Bueno, ni siquiera. Las daba al que las pidiera. De las 48 horas de dedicación exclusiva, me quedé con cuatro y tenía que hacer un salario. Empecé a viajar y a enseñar en varias partes, pero cuando trabajas en distintos lugares, te suben los impuestos. Una vez un ex ministro me dijo "eres un científico acabado. Vente a trabajar conmigo y te pago tal cantidad de dólares". Le contesté que nunca he trabajado para nadie, que si quería colaborábamos. "¿Y cuántos millones aportarías tú?" Nada, le respondí. Y dijo que así no se podía. Con esto intento ilustrar que no estoy pendiente de si alguien hace negocio o no con mis ideas, pero que, años después, cuando logro fundar mi propio instituto junto a mi socia Ximena Dávila y después de pagar caro nuestra inexperiencia en gestión, me resulta difícil verme involucrado, por mi trabajo y por el cambio cultural que queremos imprimir desde Matríztica, en talleres o consultorías o conceptos como Coaching Ontológico que no tienen relación alguna con la biología cultural que proponemos. Lo único que intento hacer es un statement y un recorrido hacia atrás de dónde y por qué pudo habérseme usado para validar una línea de pensamiento muy alejada de la mía.

LA BIOLOGÍA CULTURAL

"Cuando a fines de los 90 se me acerca mi colega Ximena, me cuenta que cuando la gente le conversaba de alguna circunstancia en que sufrieron una descalificación, un abuso o una violación, la cultura trataba su dolor como algo que ellas merecieran. Y que a través de la conversación lograban una salida al dolor y una vía a la recuperación. Como ella venía del mundo empresarial, estaba convencida de que si cambiabas la cultura organizacional podrías generar grandes cambios en las empresas. Entonces, nos asociamos en colaboración para abrir espacios de conversación y reflexión porque pensamos que cuando uno trabaja en colaboración, la calidad del trabajo y del vivir de las personas es muy superior a cuando se trabaja en situaciones de exigencia y sometimiento".

-¿Los empresarios compran "autonomía", "reflexión" para su organizaciones cuando es más fácil optar por el orden, la jerarquía y "manejo" del personal?
-Claro que sí. Si es que lo que buscan es colaboración en su empresa. Pero la biología cultural opera para todos los dominios. Cuando hablamos de que el entendimiento se produce como transformación en la convivencia decimos que entendiendo, tú puedes hacer algo que es tuyo sin copiar lo que dice Maturana o un modelo. Con los fundamentos biológicos y culturales del vivir, te alejas de todo lo que pueda ser manipulativo. En el momento en que entiendes las cosas –transformación, no mera formación– adquieres autonomía. Si entiendes algo, eres libre para ocuparlo como quieras.

-¿Acaso un trabajador autónomo no suena inmanejable, casi peligroso para una organización?
-Para nada. La persona que tiene autonomía reflexiva y de acción no depende de un coach porque el entendimiento se conserva en el tiempo y no tienes que andar llamando a nadie para que te digan qué hacer. Pasa mucho que después de terminar un proceso en biología cultural con nosotros, los alumnos comentan que no sólo les cambia

y mejora la relación con las personas que trabajan, sino también la manera en que se desempeñan, más cercanos a los compañeros de labores, amigos, familia. Si le cambia la estructura, le cambia el modo de mirar el mundo, de hacer preguntas. En los actos del habla, por ejemplo, no se distingue la emoción entre un juicio y una afirmación. Fuimos a dictar una charla y una de las participantes insistía en hablar del "juicio sobre juicios" y que "en tal momento se produjo el quiebre". Cuando le preguntamos por qué usaba esa palabra, no supo responder. "¿Por qué no usar 'problema'?", le propusimos. Si yo digo 'problema', me comprometo porque tiene que ver con deseos cruzados. En cambio, un 'quiebre' no me compromete y no pasa nada. Hay una emoción distinta detrás.

–¿Las empresas –que en general viven aceleradas y agobiadas por metas– tendrán tiempo para lo que toma un cambio de mirada?
–Depende. Hay empresarios, autoridades, líderes que quieren vivir y aprender la biología-cultural porque entienden que con el aprendizaje de las conversaciones colaborativas se da una ampliación del entendimiento del fenómeno del lenguaje, por ejemplo, y eso trae consigo honestidad, respeto y, por lo tanto, colaboración. Pero también comprendimos que habrá gente que no quiera saber lo que es la autopoiesis molecular y que se acerca a nosotros para que escuchemos las dificultades que tienen y generemos conversaciones con los distintos actores de la organización para que se reencuentren en la libertad reflexiva del conversar.

–¿Cómo define la biología cultural el escuchar?
–El lenguaje no es una interpretación de la realidad, de algo que hay. Es un modo de convivir. Si digo "escuchar implica interpretar" significa

que hay algo que es válido o universal. La investigación científica no interpreta la realidad. Opera con las coherencias que distinguen los procesos naturales del hacer. En fácil, no hace una interpretación ni un modelo de la 'realidad'. Por ejemplo, te puedo explicar que tal cosa funciona de esta manera. Tú puedes mirar eso, imaginar lo que quiso decir Humberto, pero ¿cuál es la realidad que interpretas? Si estoy aquí escribiendo y tú me dices algo y yo sigo tecleando, seguramente me vas a decir "usted no me escucha". Yo te digo "sí, te estoy oyendo" y tú insistes en que no. ¿Cuál es la diferencia? Oír es inherente al ser humano, es algo natural, pero en el escuchar no te estoy prestando atención. Estoy abierto a los sonidos, pero mi emoción no demuestra disposición.

Cuando conversamos, después de un momento nos vamos a encontrar con que nos escuchamos más que al comienzo, es decir, manejamos conceptos y nociones que son más coherentes en nosotros. Entonces, después de horas juntos, cosas que eran imposibles que pasaran entre nosotros pueden empezar a pasar. Porque hemos cambiado en el proceso, podemos coordinar, ampliar nuestro espacio de coordinación de haceres, de sentires y emociones. Por ejemplo, cuando el niño se queja con el papá: "Tú nunca estás aquí". "Cómo que no", dice el padre. "Tú nunca me das tiempo", dice el hijo. Y entonces pasa como muestran en las películas. El papá empieza a encontrarse con el niño cuando le ha dedicado tiempo. La relación entre el papá y el hijo va cambiando en ese escucharse porque uno se transforma en el encuentro. Cuando uno le habla el otro lo toquetea con ondas sonoras. En la medida en que estamos juntos nos tocamos de una manera que armoniza nuestro convivir y empezamos a coordinarnos en una forma en que antes no podíamos, con un sentido nuevo. En el caso del padre y el niño se encuentran porque cambia la emoción. En el caso de dos personas en el trabajo, dicen "ah, ya entiendo lo que quieres hacer". Entonces se coordinan en el hacer, pero sin haber tenido tiempo no habrían podido.

Cuando hablamos de comunicación, entendemos que alguien le pasa algo al otro. "Mira, aquí está toda la información que necesitas". Tú la miras y no entiendes nada. Yo te digo "ve el libro, si ahí está todo". Y tú lo lees y no entiendes nada. Porque aquello que uno cree que le pasa al otro con lo que está escrito depende del escuchar de ese otro. Para entenderlo y coordinarnos tenemos que estar juntos. "Yo te explico", digo, "¿entiendes?". La palabra información es una impertinencia si pretendo que la comprendas porque está ahí, pero si hemos pasado tiempo juntos, en la disposición de escucharnos y darnos tiempo, eso que te paso te hará sentido. Escuchar, entonces, tiene que ver con la emoción, no con la interpretación.

Rafael Echeverría responde a Humberto Maturana:

"Todo de lo que me acusa es falso"

A partir de la entrevista que concedió Humberto Maturana a Revista Capital, el coach ontológico Rafael Echeverría lanza una dura respuesta, puntualizando que, "es injusto que sin conocer el mundo del coaching le falte el respeto a estos profesionales que merecen nuestro más alto reconocimiento".

Entrevista Revista Capital
Santiago, 21 de enero de 2016
Por: Camila Ramírez[1]

En el último número de la revista Capital aparece una entrevista a Humberto Maturana en la que éste lanza, de forma liviana, graves acusaciones hacia mi persona y sorpresivas descalificaciones al oficio del coaching ontológico. Lamento muy profundamente esta situación. Es más, ella me produce gran desconcierto, pues sus aseveraciones contravienen de manera flagrante los hechos. Hasta este momento no había tenido con Maturana ninguna situación equivalente a la que hoy se produce.

---

1   Agradecemos a Camila Ramírez y *Revista Capital* por autorizar la reproducción completa de la entrevista a Rafael Echeverría.

Quisiera partir afirmando que Maturana tuvo una influencia positiva en un momento ya lejano de mi desarrollo intelectual. Estoy hablando de la década de los años 80 e inicios de los 90. Tuvimos una relación cercana de amistad y respeto mutuo. Como parte de ello, lo invité a distintos eventos que en su momento organizara en San Francisco, Santiago, Puerto Vallarta y Caracas. Abrimos sus enseñanzas a nuestros alumnos y, a partir de ellos, muchos de ellos participaron en sus programas de formación. Esto todavía sucede y algunos de sus actuales programas están dirigidos a los coaches ontológicos, muchos de los cuales se han formado con nosotros. Hasta este momento, pensaba que habíamos contribuido a difundir su pensamiento en personas a las que, de lo contrario, éste no hubiese llegado. *So far, so good.*

Es cierto que con el tiempo me he distanciado de sus planteamientos. La época de mi mayor acercamiento con él fue aquella en la que desarrollaba su concepción de la autopoiesis, como factor distintivo de los sistemas vivientes, e incursionaba en lo que llamaba *"la biología del conocimiento"*. Me pareció fascinante cómo realizaba un abordaje desde el cuerpo en un dominio se había situado tradicionalmente al nivel del alma. No dudé en celebrar la originalidad de su pensamiento en mi libro *El búho de Minerva*, donde le dediqué un capítulo.

Sin embargo, sus planteamientos se me hicieron crecientemente problemáticos. Su incursión en el dominio de los fenómenos sociales me ha parecido siempre deficiente y todo lo que guarda relación con *"la biología del amor"* me parece insostenible y carente de todo sustento serio. Discrepo también de su concepción de la realidad y del observador. Hoy en día, mis enseñanzas no mencionan a Maturana. No lo ataco, pero tampoco lo incluyo.

En el año 2008, supe a través de ex alumnos míos que se formaban con él, que en sus cursos Maturana me atacaba muy duramente y me acusaba de haberle usurpado sus ideas. Me tomé el trabajo de identificar cada una de sus críticas y le escribí refiriéndome a cada una de ellas y rectificando lo que él decía. Humberto me respondió señalando que esto era un malentendido y alabando mis planteamientos, aunque, con algunos de ellos, manifestaba discrepancias. En la última frase de su respuesta se refiere a mi "gran obra". Di por superado el problema.

Hoy, sin embargo, no sólo vuelve a la carga. Lo hace con artillería pesada. Leer lo que dice no ha sido fácil. Frente a ello, debo afirmar categóricamente dos cosas. Todo de lo que me acusa es falso. Pero lo más importante es que él lo sabe. No es éste el lugar para hacer mis descargos. Quién se interese en conocerlos puede acceder a nuestra página web: www.newfieldconsulting.com . Allí encontrará también nuestros intercambios del año 2008. Invito al lector a leer este material y a formarse su propia opinión.

Me siento obligado a decir algo más. En sus ataques a diestra y siniestra, Maturana ataca también al oficio del coaching ontológico. Ello ha producido dolor e indignación en miles de personas que se dedican con esmero y cuidado a esta nueva profesión. Se trata de un oficio comprometido con los más altos estándares éticos. Si Maturana quiere golpearme a mí, que lo haga. Yo me sabré defender. Pero es injusto que, sin conocer el mundo del coaching, le falte el respeto a estos profesionales que merecen nuestro más alto reconocimiento.

Septiembre de 2008
Intercambio de Rafael Echeverría con Humberto Maturana

Tras las declaraciones realizadas por Humberto Maturana en Revista Capital, nos permitimos publicar, los textos de los mails intercambiados entre Rafael Echeverría, Humberto Maturana.

From: echeverria_rafael@hotmail.com
To: ximena@matriztica.org; humberto.casa@gmail.com;
matrizbiologica@entelchile.net
Subject: Aclaración
Date: Tue, 2 Sep 2008 01:46:40 +0000

Estimada Sra. Dávila,

Me he enterado por fuentes diversas que Ud. está difundiendo un relato que no puede sino sorprenderme. Por lo que me cuentan (y ya son varias las personas que lo han hecho) Ud. estaría sosteniendo que en entrevista grabada que le hice a Humberto en 1996 habría servido de base para escribir mi libro *Ontología del Lenguaje*, libro que se habría basado en lo Humberto me habría dicho. Yo no sé cuál es su fuente para sostener lo anterior. Ud a mi no me conoce y, por lo que yo sé, no nos hemos visto nunca. Sólo me cabe manifestarle que ello es total y completamente falso.

Me permito compartir con Ud. tan solo algunos hechos.

1. La entrevista que le realizara a Humberto duró una hora y media y versó exclusivamente sobre su desarrollo personal. Mi interés era comprender cuáles habían sido las condiciones que contribuyeron a generar a una persona con la inmensa capacidad creativa y sentido de autonomía que percibía en Humberto. Hablamos largo de su relación con su madre, de algunas experiencias difíciles con su padre, de ciertas influencias tempranas en su formación (como Huxley y Nietzsche), de la relación que mantuvo con Francisco y de las diferencias que hubo en los caminos que luego ambos tomaron, etc.

2. Ese año 1996 fue muy difícil para mí. No es del caso enumerar los diferentes problemas que me vi obligado a enfrentar. Ello, tal como se lo planteara al propio Humberto, atentó contra mi proyecto original de haber publicado un artículo sobre él, pues me fue obligado atender otras cosas. En mi traslado a otro país, perdí la cinta de la entrevista, sin que tuviera la oportunidad de volver a oírla. Cuando le di esta explicación, me pareció que Humberto me había entendido.

3. Desde hace más 20 años he sido un ferviente admirador de la obra de Humberto a quién no sólo cito reiteradamente en mis libros, sino que menciono permanentemente en mis programas. Dadas estas múltiples referencias, son innombrables los alumnos que han pasado por mis cursos que luego optan por formarse con él. Antes que yo les presentara el pensamiento de Humberto, la mayoría no lo conocía. Ello ha sido para mí un motivo constante de orgullo y lo sigue siendo. Tengo

la impresión de que pocas personas se han preocupado por destacar la obra de Humberto como yo lo he hecho.

4. Humberto ha sido, junto con muchos otros, una influencia importante en lo que pienso y escribo. Sin embargo, nunca he tomado algo que él haya dicho, sin darle debido reconocimiento. Mis libros lo atestiguan. No podría decir, sin embargo, que es la principal influencia. Hay varias otras que tendría que colocar antes de la de él. Pero ello no le resta mérito alguno.

5. Mi libro *Ontología del Lenguaje* fue escrito en 1994. Esto es, más de dos años antes de la entrevista que le hiciera en 1996. Cuando lo escribiera, se lo envié a Humberto, con quien luego me junté para recibir su retroalimentación. En palabras del propio Humberto, él consideró que se trataba de un libro excelente. Su único comentario crítico fue que algunas veces tenía la impresión de que yo hablaba como si tuviera la verdad. Le pedí que me explicara por qué pensaba eso y debo confesar que su juicio me fue de gran utilidad y representó una muy positiva fuente de aprendizaje.

6. Me preocupa que lo que Ud. está difundiendo, además de ser enteramente falso, lesione la identidad de Humberto. La gente que lee lo que escribo y conoce el pensamiento de Humberto pueden discernir sin problemas afinidades y, sin duda, diferencias. Las primeras, por cuanto yo mismo me encargo de dar testimonio de las muchas veces que Humberto ha influido en lo que escribo. Nadie más que yo mismo se ha preocupado con tanto celo por afirmar su influencia en algunas de mis posiciones. Sin embargo, cuando se me han comentado la manera como Ud. se ha expresado de mí, me han señalado que se sienten sorprendidos al comprobar de que quienes

enarbolan las banderas del amor se vean proyectando tanta odiosidad. Debo confesarle que ello me duele pues desdibuja la obra excepcional de Humberto.

Le he escrito estas palabras por cuanto sospecho que lo que Ud. está sosteniendo muy posiblemente obedece al hecho de haber estado mal informada. De no pensar esto, no me habría tomado el trabajo de contradecirla. Pero también porque creo que sus palabras no sólo tergiversan lo que ha sido mi comportamiento hacia Humberto, sino que le hacen a él mismo mucho mal.

Se despide atentamente de Ud.,

Rafael Echeverría

Estimado Sr. Echeverría,

Primero, le agradezco su disponibilidad a conversar aunque sea a través de este medio. Y, por supuesto, le pido disculpas si le he o hemos causado dolor. Usted tiene razón, no nos conocemos y no nos hemos visto nunca.

No es mi deseo ni el de ningún colaborador del Instituto Matríztico, difundir un relato con odiosidad, no lo hemos hecho ni lo haremos en nuestro presente. Si usted se pregunta por la fuente, la fuente de la historia ha sido Humberto, quien le responderá si así él lo estima.

Usted sabe al igual que nosotros, que uno siempre escucha desde sí y que sólo podemos ser responsables de nuestro propio escuchar. Por ello, será siempre el encuentro humano el único camino adecuado para conversar cuando hay una persona que legítimamente distingue una situación como la que usted describe.

Como usted también sabe, por ejemplo, la noción de autopoiesis es usada de manera diversa por muchas personas para dar cuenta y explicar las dinámicas organizacionales, a través de su autogeneración, quedando fuera de la realización de éstas las personas. Desde el entendimiento de la biología-cultural, un observador sabe que las organizaciones no son sistemas autopoiéticos, los seres vivos en tanto vivos sí somos sistemas autopoiéticos. Le doy este ejemplo como un ejemplo no trivial de cómo se puede tergiversar y por lo tanto, seguir otra deriva de pensamiento y de hacer, y se producen lo que llamamos tragedias intelectuales. Ello motivó en el pasado, encuentros entre el propio Humberto y Nicklas Luhmann para conversar sobre ello. Y en nuestro presente nos ha llevado a compartir con comunidades educativas y profesionales en Alemania, esas mismas confusiones así como sus consecuencias, las que pueden llegar incluso a ser dolorosas.

Permítame una distinción importante: no somos en el Instituto Matríztico un grupo de personas que estemos cuidando celosamente la obra de Humberto, y menos aún movernos de manera tal a ese respecto que podamos a él mismo o a otras personas, hacerle daño por ello. Humberto es parte de nuestra comunidad científica, una comunidad científica de personas que reflexionan y que hemos generado un quehacer que hemos llamado Biología-Cultural, cuyas raíces sin duda están en el conocer y entender la Autopoiesis, la

Biología del Conocer y la Biología del Amar. Pero más importante aún, este verdadero árbol del vivir tiene sus raíces en el propio vivir humano de cada persona en este hermoso planeta que habitamos. Un vivir humano que traemos a la mano todas las personas desde nuestras respectivas experiencias, todas ellas legítimas y reveladoras de la fuente de sus propias preguntas y respuestas. No hay una sola verdad ni una sola realidad. Somos una matriz dinámica de habitares que conversan entre sí generando muchas veces dolor o sufrimiento al hacerlo desde el vivir cultural patriarcal/matriarcal, que todos realizamos.

Para mí, Humberto, y para los colaboradores del Instituto Matríztico, sería entonces lo más oportuno y un verdadero placer, recibirlo en nuestra casa y poder conversar con usted, transitando desde este doloroso momento a otro distinto.

Creo y no lo dudo, que usted y nosotros tenemos un norte en común que es escuchar y escucharnos en espacios reflexivos que nos orienten en nuestro quehacer. Esperamos contar con su presencia.

Atentamente,

Ximena Paz Dávila Yáñez
Co-Fundadora
Instituto Matríztico

From: echeverria_rafael@hotmail.com
To: ximena@matriztica.org
CC: maturana@matriztica.org; humberto.casa@gmail.com
Subject: RE: Ximena Dávila.
Date: Fri, 5 Sep 2008 17:22:10 +0000

Estimada Sra. Dávila,

Agradezco su respuesta. Esto, en efecto, se había convertido en un asunto que me afectaba y espero que podamos despejar pronto estos malentendidos. Lo que se me informaba, a través de fuentes diversas, era que en diversas ocasiones Ud. había insinuado que mi libro *Ontología del Lenguaje* representaba una suerte usurpación de las posiciones que Humberto me habría planteado en la entrevista que me diera en 1996. Eso es algo de desmiento categóricamente y que se contradice con los propios hechos que invoca.

Tengo la mejor disposición para aclarar las cosas. El mensaje que le dirigiera expresa precisamente tal disposición. Sin embargo, en la medida que Ud. deslinda responsabilidades, lo que entiendo perfectamente, y señala que esa versión de los hechos se la habría proporcionado Humberto, quedo entonces a la espera de saber lo que él piensa en relación a ellos. Creo que esto será la plataforma sobre la cual podamos luego juntarnos a conversar.

Tal como le planteaba en mi primer mensaje, la obra de Humberto ha sido importante en algunas de las posiciones que hoy asumo. Comparto, por lo demás, plenamente lo que Ud. señala con respecto a la escucha. No sólo solemos escuchar algo diferente de lo que el otro dice, sino que hacemos resonar en nosotros las posiciones del otro de manera de desplazarnos hacia posturas que él o ella muchas veces no asumiría. Ello es inherente al pensamiento innovador y creativo. Las influencias no son réplicas, sino precisamente influencias. Ello es lo que acontece con el ejemplo que Ud. menciona al referirse al sentido que Luhmann le confiere a la noción de autopoiesis. El que Humberto no autorice el sentido que a menudo le confiere Luhmann, no desmerece para nada el pensamiento de Luhmann. Cuando hacemos público nuestro pensamiento, uno se arriesga a que otro haga resonar nuestras ideas de maneras muy diversas.

Pero tal como le manifestaba en mi mensaje, sin desconocer las influencias específicas que en mí ha tenido el pensamiento de Humberto (y que siempre he reconocido), éste no representa la matriz medular de influencia de los planteamientos que desarrollo. Ellos no provienen de la biología, sino de la filosofía e, incluso, de las ciencias sociales. Mi pensamiento es tributario de la matriz interpretativa que desarrollaran primero Spinoza y luego Nietzsche. Mi pensamiento es, por sobre todo, una variación libre de las temáticas nietzscheanas y, como sucediera con Nietzsche, está fuertemente arraigado de las antiguas contribuciones de Heráclito y del pensamiento sofista. Ello es el núcleo interpretativo básico de lo que sostengo. La influencia de Humberto, en este contexto, aunque valiosa y siempre reconocida, ha sido colateral. Ello en nada desmerece la importancia de su contribución, la que siempre he destacado.

Quedo por lo tanto a la espera de lo que Humberto tenga que decir, con la expectativa que ello habilite la posibilidad de juntarnos a mantener conversaciones posteriores y reconstituir así una relación productiva, basada en el respeto mutuo y alejada de descalificaciones arbitrarias y sin fundamento, que nos hacen a todos mucho mal y desmerecen el carácter de la contribución que buscamos hacer. Por sobre todo contraviene la base ética que todos (Uds. y nosotros) muy sinceramente invocamos. Estos malentendidos, debemos aceptar, suceden. Pero pienso que nosotros tenemos la obligación de hacernos cargo de ellos y avanzar hacia su disolución. Esto es lo que quienes nos conocen y se han visto tocados por lo que planteamos, esperan. No impugno responsabilidades por el hecho de que estos malentendidos se hayan generado, pero invoco mi propio sentido de responsabilidad para hacerme cargo de ellos. No espero menos de Uds.

Cordialmente,

Rafael Echeverría

Santiago, 8 de Septiembre, 2008

Estimado Rafael

Lamento lo que ha sucedido. No sé que te han contado sobre lo dicho por mí o por la profesora Ximena Dávila o colaboradores del Instituto Matríztico, ni de las circunstancias en que pudimos haber dicho lo que se dice que se dijo. En todo caso lo dicho puede haber sido dicho en relación a tus escritos, proviene de lo que me hayan oído decir a mí en algún comentario sobre lo que tú escribes en la *Ontología del Lenguaje* en relación a lo que yo digo con respecto a la naturaleza del lenguajear. De modo que yo soy responsable del contenido de lo dicho como única persona en el Instituto Matríztico en este presente que ha sido parte de la historia.

Yo he contado que tú y Julio Olalla fueron muchas veces a conversar conmigo en mi laboratorio en la Facultad de Ciencias en la intención tuya declarada (según lo que recuerdo) de hacer una historia de mis ideas. Sin duda yo sé que tu interés por mi trabajo, aunque genuino, no es ni ha sido central para el tuyo, cosa que es completamente aparente en tu libro, y que por supuesto yo supe todo el tiempo, y comparto. Lo que yo he dicho que encontré leyéndote en la *Ontología del Lenguaje,* (libro que apareció después de nuestras conversaciones, y que tú dices haberlo escrito antes, cosa que yo no lo supe hasta leer tu carta reciente) es que no me parecía que presentaras de manera adecuada lo que yo decía sobre el lenguajear en su ocurrir como suceder del convivir, y su condición central en la constitución y origen del linaje humano en su conservación de una generación a otra entrelazado con el emocionar en el aprendizaje de los niños. También me he quejado de que dices en algunos lugares "nosotros pensamos", refiriéndote al carácter relacional de coordinaciones conductuales del lenguaje, noción esta última que yo he pensado, tal vez equivocadamente, habrías aprendido de mí, y lo haces a mi parecer sin referirte a ello como si fuese tuya. No creo que ni yo ni mis colaboradores del Instituto Matríztico, lugar que he creado yo con mi socia profesora Ximena Dávila, hayamos usado la expresión "usurpación" ni entre nosotros ni con los alumnos. Por lo demás considero tu libro como un gran libro, destacando sí, cuando me ha parecido oportuno por las preguntas que me han hecho, que yo no coincido contigo en lo que tú dices en él sobre el lenguaje.

Cuando los alumnos me han preguntado, y nos han preguntado a mí y a mis colaboradores si nuestro trabajo tiene que ver con el tuyo o con el coaching, sin duda decimos que no, y que es muy diferente a éste en su orientación e intención, sin emitir ningún juicio valorativo. En lo que se refiere a Luhmann, yo no desautorizo su trabajo, aunque sí digo, y se lo dije personalmente en nuestros encuentros, que pensaba, y aún pienso, que él estaba haciendo un uso inadecuado de la noción de autopoiesis, y que con ello cometía un error en el ámbito del suceder de la convivencia humana que llamamos social. En nuestras conversaciones él me dijo que el usar la noción de autopoiesis del modo como lo hacía le permitía hacer una teoría de los sistemas sociales sin las incertidumbres que la variabilidad y volubilidad humana introducían en la reflexión sobre lo social. Nosotros no invalidamos ni desautorizamos a nadie en su trabajo o en su pensamiento, pero decimos, y digo, lo que nos parece inadecuado o errado sin pretender ofender. Así yo también recibo y respondo, o dejo pasar, críticas que me hacen, pensando que por duras o agresivas que yo las sienta en el fondo no hay intención de ofensa de parte de quien las hace.

Quiero agregar que considero que ninguno de mis colaboradores está dañando mi obra. Tampoco creo que nadie podría dañarla. Pienso sí que las ideas de los trabajos científicos, filosóficos o literarios una vez publicadas están disponibles para ser usadas por quien quiera hacerlo respetando el sentido que les da quien quiera sea el autor o autora, y por esto mismo pienso a la vez que no están disponibles para ser usadas de cualquier manera. Por lo demás es por eso que se hace referencia al o los autores o autoras.

Mucho me gustaría que nos encontrásemos nuevamente, esta vez en el Instituto, y que conozcas personalmente a los miembros de éste, para que podamos conversar todo lo que sea necesario, disolviendo los malos entendidos que sin duda ninguno quiere conservar. Yo he estado leyendo algunos de tus otros libros, los que me parecen muy buenos, y admiro tu gran productividad. Veo en ellos las raíces que mencionas, y estoy descubriendo así tu orientación más profunda, la que me gusta aunque no la comparto. Te felicito. Sin duda mi pensar es ajeno al tuyo, y vice versa, lo cual está bien también.

Cordialmente.

Humberto Maturana Romesín
Co-fundador
Instituto Matríztico

Nota: Para mi gusto faltaría hablar sobre el hecho de que hemos o estamos dañando tu gran obra.

From: echeverria_rafael@hotmail.com
To: humberto.casa@gmail.com
CC: apizarro@newfieldconsulting.us
Subject: RE: Respuesta
Date: Mon, 8 Sep 2008 16:23:15 +0000

Estimado Humberto,

Gracias por tu respuesta. Coincido completamente contigo en que nuestras propuestas son muy diferentes. En ello, en efecto, no hay nada malo. Sólo te reitero algunos alcances.

1. Mi entrevista contigo con el objetivo de escribir sobre ti aconteció en 1996. más de dos años después de la publicación de mi libro *Ontología del Lenguaje*. Antes de eso tal objetivo no existió, más allá de lo que ya había escrito en el contexto de mi libro *El Búho de Minerva*.

2. Reconozco determinadas influencias de tu pensamiento en lo que pienso, aunque ellas no se expresen siempre con el sentido que tú puedas conferirle a ciertos planteamientos. Mi objetivo no ha sido ser fiel a lo que tú dices, sino a lo que yo mismo pienso. Con todo, siempre me ha parecido adecuado citarte cuando alguna idea tuya me ha lanzado por un determinado camino. Creo que es más importante no omitir ese reconocimiento que asegurar que soy del todo fiel a ciertas implicancias asociadas a lo que puedas haber señalado. Si el citarte bajo estas condiciones no te parece adecuado, puedo dejar de hacerlo en el futuro. Yo prefiero seguir con la forma como hasta ahora he resuelto esta disyuntiva.

3. Por lo que recuerdo nunca me he juntado contigo junto con Julio Olalla, salvo cuando yo te invitara a que hicieras ciertas presentaciones a nuestros alumnos en Estados Unidos. Las veces que me juntara contigo en Chile, he estado siempre solo. Te lo digo con el ánimo de separar lo que puede haber sido tu relación con Julio, de lo que ha sido tu relación conmigo, pues respondo tan sólo de lo que yo he hecho. Con ello no quiero implicar nada sobre la relación de Julio contigo, sino tan sólo tenerlas separadas.

Recibimos con mucho gusto la invitación de visitarlos en el Instituto. Sin embargo, no será fácil hacerlo pronto. Hoy me voy a México, a mi retorno parto de inmediato a Ecuador y antes de fin de mes viajaremos a Argentina. Como puedes apreciar, corremos mucho. Pero aceptamos vuestra invitación y la concretaremos en cuanto tengamos la oportunidad.

Un saludo cordial,

Rafael

Carta publicada en The Clinic
Desde el respeto: respuesta a Humberto Maturana

The Clinic, 28 de enero de 2016

Rafael Echeverría
Presidente de Newfield Consulting

En el número del 21 de enero de la revista Capital apareció una entrevista a Humberto Maturana en la que lanza un conjunto de acusaciones que me obligan a refutarlas. Esta es, para mí, una tarea delicada. No quisiera hacer con él, lo que él ha hecho conmigo. Aunque hoy día mantenemos importantes diferencias, Humberto fue una persona importante en un momento de mi desarrollo intelectual y mantuve con él una relación de amistad y mutuo respeto. No quiero hacerlo vivir, a sus 87 años, la dolorosa experiencia que él me ha impuesto. Sin embargo, sus ataques no sólo me afectan a mí, sino también a miles de coaches ontológicos que se han formado con nosotros, y que hoy, frente a sus descalificaciones, se sienten agraviados y confundidos. Son ellos los que me impulsan a responder.

Las aseveraciones que Humberto lanza sobre mí son falsas y él lo sabe. En septiembre del 2008 fui informado que él y Ximena Dávila, dirigían hacia mí ataques equivalentes en sus cursos. Les escribí a ambos, refutando los hechos que esgrimían. Este intercambio está en nuestra página web www.newfieldconsulting.com . Invito al lector a leerlo y formarse su propia opinión.

Es falso que le hiciera extensas entrevistas durante un período de varios meses y que ellas versaran sobre la historia de sus ideas. Fue una sola entrevista, muy breve, realizada en 1996 en su laboratorio de la Facultad de Ciencias. Mi propósito no era precisamente profundizar en sus ideas, pues sobre ellas ya había escrito un capítulo en mi libro *El búho de Minerva*. Lo que me interesaba era identificar los factores de su vida personal que lo habían conducido a una modalidad de pensar que reflejaba un nivel de autonomía que entonces me sorprendía. Hablamos de su infancia, de la amorosa relación con su madre, del difícil y complejo vínculo con su padre, de su vida escolar, de sus estudios universitarios, de su ambigua relación con Francisco Varela, del papel de las mujeres en su vida.

Luego de realizada esa entrevista tuve que trasladarme a otro país y en el traslado perdí la cinta que registraba esa conversación. Opté por no escribir el proyectado artículo. Así se lo hice saber a Humberto cuando nos volvimos a encontrar. Jamás he dicho que tuve amnesia, como él sostiene. Por el contrario, creo que tengo muy buena memoria. Había, sin embargo, una razón adicional que incidió en mi decisión de desistir de escribirlo. Debo confesar que no quedé conforme con la imagen que Humberto proyectaba de sí mismo y pensé que publicar esas experiencias podía perjudicarlo. Luego de casi 20 años, guardo un claro recuerdo de gran parte de los temas conversados. Si hoy tuviera que escribir ese artículo, pienso que podría hacerlo con gran fidelidad.

Humberto señala que mi libro *Ontología del lenguaje* se habría basado en las ideas que él expresara en esa entrevista de 1996. Ello es falso. Nada de los que conversamos entonces, aparece en mi libro. Pero, como le demostré en nuestro intercambio de 2008, la publicación de mi libro se realizó en 1994, dos años antes de la mentada entrevista. Él lo sabe. ¿Por qué entonces aparenta desconocerlo?

Humberto me acusa de haber tomado su concepto de observador y de haberlo redefinido a mi arbitrio. Es su forma de ver las cosas. Yo sostengo que tenemos conceptos opuestos sobre el observador. Mientras él sostiene que "no existe realidad independiente del observador", yo afirmo que, aunque no nos es posible acceder a la realidad tal cual ella es, sino sólo a través de interpretaciones, no podemos negar su existencia independiente. Se cuenta que Tales de Mileto se habría caído en un hoyo mientras caminaba observando las estrellas. Esa es quizás la primera lección práctica de filosofía en la historia de la Humanidad. Es conveniente aprender de ella.

La realidad se encarga de mostrarnos de que ella existe, más allá de lo que sobre ella misma pensemos. Éste es punto que se zanja a nivel de la racionalidad práctica. Mi impresión es que Humberto no lo ve. Él privilegia la racionalidad teórica. Pero esta última está siempre fundada en la racionalidad práctica o, en otras palabras, en el servicio a la vida.

Cuando en 1986 escribiera el borrador de mi mencionado capítulo sobre su contribución sustantiva, se lo mandé a Humberto para que lo revisara y me corrigiera en cualquier distorsión en la que pudiera haber incurrido. Me respondió agradecido por el contenido, advirtiéndome tan sólo que, cada vez que citaba sus libros y me refería a Humberto Maturana y Francisco Varela (los autores de esos libros), debía sacar toda referencia a Francisco, pues éste no había tenido ningún rol en el desarrollo de tales ideas y que su mérito se había restringido a la organización de la publicación. Hice lo pedido por Humberto, aunque sus palabras me parecieron injustas. Todavía conservo esa carta.

Lo que más me preocupa, sin embargo, no son sus descalificaciones, sino los juicios que emite sobre la práctica del coaching ontológico. Debo advertir, no obstante, que comprendo esos juicios. Humberto cuenta en la entrevista, que trabajó de cerca con Werner Erhard y Fernando Flores y pienso que, quizás, sus juicios puedan provenir de lo que entonces haya percibido. Yo mismo me refiero y condeno en mi libro *Ética y coaching ontológico* este tipo abusivo e irrespetuoso de coaching. En ello, no tenemos discrepancias.

Desde entonces ha corrido mucha agua. El coaching ontológico es hoy en día un oficio que se plantea conectar a los individuos con su inagotable potencial de transformación, de manera de que puedan vivir la vida en mayor plenitud, en armonía con los demás y de generar por sí mismos un mayor sentido de vida. Promovemos la autonomía y la libertad de las personas. Fortalecemos la armonía en nuestra convivencia. No hay nada más ajeno al coaching ontológico que la generación de dependencia, la manipulación del otro o el conducirlo con subterfugios a espacios existenciales que él o ella no haya elegido, tal como lo señala Humberto en su entrevista.

Nuestra misión es ayudar a las personas a cumplir sus aspiraciones y sueños y contribuir a disolver los problemas que se les interponen en el camino. Afirmamos los valores de la confianza y el respeto. Estamos para servir al otro, de manera que pueda ver lo que hoy no ve y le sea posible actuar de una manera que hoy no puede, para convertirse así en el tipo de ser que añora. Todo esto convierte a la disciplina del coaching ontológico en una profesión capaz de generar aprendizajes profundos en nuestra forma de relacionarnos con los demás; de actuar, pensar y sentir; de ser, vivir y convivir con los demás. De ello no sólo se beneficia el coachee. Esta es una profesión en la que el propio coach se ve obligado a desafíos crecientes de superación, aprendizaje y transformación. Que nos conduce, como practicantes, a una progresiva ampliación de nuestros límites y posibilidades.

Nada sabe Humberto sobre nuestra formación de coaching, ni sobre la manera como practicamos este oficio. Nunca ha asistido a nuestros programas. Varias veces, sin embargo, he compartido con él que uno de nuestros objetivos ha sido el de proveerle al coaching ontológico la base ética que en sus inicios no tuvo. Esto es algo que nuestros alumnos saben. De allí el dolor y la indignación que muchos han sentido al verse tan injustamente atacados. Creo que sería conveniente que, frente a ellos, Humberto se disculpara.

Confieso que a veces me asusta percibir que se puede transitar tan fácilmente de la biología del amor a una ética de la odiosidad. Creo que es importante cuidar que eso no suceda. Muchas veces las peores acciones de odio, invocan el amor como fundamento. Eso lo estamos viendo en el mundo todos los días. Desde nuestra perspectiva, el amor no está sólo para ser invocado, sino para ser practicado. Sólo la práctica del amor lo genera y constituye.

Una descalificación puede hacerse en una frase. Es fácil y es corto. Defenderse es más complejo y más largo. Toma al menos un párrafo. A veces, algo más. No siempre quien lee la descalificación se toma el tiempo para escuchar la defensa. El agredido suele por lo general quedar en desventaja. Al final del día, suelen quedar huellas de la mancha estampada. Siempre hay alguien que dice "si el río suena, piedras trae". Eso duele y nos obliga a ser responsables con lo que decimos.

Quien procura defenderse, no siempre es capaz de hacerlo trascendiendo su dolor y las emociones que resultan del golpe recibido. Me ha parecido importante, antes de reaccionar, tomarme un tiempo, volver al centro, de manera de hacerme cargo de las consecuencias de lo que quiero decir. Los resultados, es decir, las consecuencias de nuestras acciones, son importantes. Esta es otra discrepancia que mantengo con Humberto. Por lo que señala en la entrevista, a él pareciera no interesarle mayormente los resultados. Nosotros hacemos de ellos uno de los pilares de nuestra ética.

Muchas veces me han dicho "¿cómo es posible que Uds., que tanto hablan del respeto por el otro, de la confianza y del amor, sean a veces sorprendidos sacándose los ojos?" Eso siempre me ha preocupado y, en nuestra escuela, tenemos como norma evitarlo. Nos oponemos, por ejemplo, a hablar mal de nuestra competencia, aunque a veces pensemos que nos separan diferencias infranqueables.

Para nosotros el respeto y el amor más que temáticas discursivas, son formas de vida y de relación con los demás. Deseo, por lo tanto, terminar estas palabras dejando atrás los descargos y honrando la figura de Humberto Maturana. Más allá de las diferencias que con él mantengo, es una persona a la que he respetado y admirado. Ello hace, sin duda, que sus acusaciones duelan más. Pero ellas no me habilitan a descalificarlo de la manera como creo que él lo ha hecho conmigo. Espero haber estado a la altura. Si en algo hubiese fallado, pido disculpas. Todos tenemos limitaciones.

Quiero reiterar, como lo hiciera en el inicio, que las ideas de Humberto Maturana jugaron un papel significativo en mi desarrollo intelectual. Por ello, le estoy agradecido. Y quiero pedir a quienes han leído esta ingrata entrevista y que se han indignado con ella, que eviten proyectarla en la obra y vida de Humberto. Ello sería injusto. Él no se lo merece. Debiéramos honrar tanto su obra, como su persona, a pesar de sus deficiencias. Todos tenemos limitaciones.

Con estas palabras, cierro este ingrato episodio. Lo principal está dicho. No quisiera sentirme atrapado por una experiencia que, a muchos, nos ha sido dolorosa. Opto por dar vuelta la página.

Rafael echeverría
Maturana y el Coaching Ontológico

Cartas al director, Diario La Tercera
Santiago, 30 de enero de 2016

En el última semana, Humberto Maturana lanza una dura crítica contra el coaching ontológico en varios medios nacionales y redes sociales. Me inquieta que, dado su prestigio, haya quienes puedan conceder autoridad a sus palabras. De ello deseo hacerme cargo.

El coaching ontológico es un oficio que se plantea como tarea lo que muy pocas otras profesiones pueden acometer: conectar al individuo con su potencial de transformación, de manera de que pueda vivir en mayor plenitud, en armonía con los demás y de generar por sí mismo, un mayor sentido de vida. Ello implica ayudar quienes lo solicitan a alcanzar niveles más altos de autonomía. Pocas cosas son más ajenas al coaching ontológico que la generación de dependencia, la manipulación del otro o el conducirlo con subterfugios a espacios existenciales que no ha elegido, como ha sugerido Maturana.

Somos defensores inclaudicables de la libertad de cada persona. Afirmamos los valores de la confianza y el respeto. Estamos para servir al otro, de manera que éste acceda a ver lo que no ve, a actuar de una manera que hoy no puede y a convertirse así en el tipo de persona a la que aspira. Todo esto convierte a la disciplina del coaching ontológico en una profesión capaz de generar aprendizajes profundos en nuestra forma de relacionarnos con los demás; de actuar, pensar y sentir; de ser y de vivir. De ello no sólo se beneficia el coachee, sino también sus espacios familiares y laborales y, en general, el conjunto de la convivencia social. Además, ésta es una profesión en la que, como coaches, nos vemos obligados a desafíos crecientes de superación, aprendizaje y transformación, ampliando progresivamente nuestros propios límites.

Se trata de una profesión noble, sustentada en los más destacados desarrollos del conocimiento de las últimas décadas. Su ejercicio requiere de fuertes fundamentos éticos y, en la medida que se desarrolla como disciplina, éstos han devenido cada vez más sólidos. De allí el dolor y la indignación que muchos han sentido al verse tan injustamente atacados.

El coaching ontológico está contribuyendo sustancialmente a nuestra convivencia y a nuestro bienestar. El número de personas que acude a un coach, crece exponencialmente. Hoy contamos con miles de coaches ontológicos en nuestro país y son muchos los que se benefician de sus aportes. Todos ellos dan testimonio de una profesión de la que ya no podemos prescindir. La dedicación que estos coaches colocan en su ejercicio merece nuestro respeto. Y cuando alguien livianamente los critica, nos vemos obligados a levantarnos para hablar a favor de la importante contribución que realizan.

Rafael Echeverría
Newfield Consulting

CRISTOBAL GAGGERO, GERENTE DEL INSTITUTO MATRÍZTICO, Y LA POLÉMICA DEL COACHING HUMBERTO MATURANA EXPLICADO CON PERAS Y MANZANAS

El científico chileno dio por cerrado el capítulo que abrió su entrevista en Capital, desligándose del coaching, sobre el que se abrió un amplio debate en círculos académicos e intelectuales. El balance lo hace el gerente de Marketing del Instituto Matríztico, advirtiendo: a quienes intentaron generar ruido para que Maturana les conteste, olvídenlo. El biólogo hizo su statement y dio vuelta la página.

Entrevista Diario El Mostrador[1]
Santiago 15 de febrero de 2016
Por: Margarita Hantke

Cristóbal Gaggero (39 años) habló medio a regañadientes hace poco con un vespertino a raíz de la discusión –otros prefieren usar "controversia"– que se generó a partir de la entrevista de Humberto Maturana en revista *Capital*. Pasa que no es aficionado a hablar con los medios ni de ellos.

---

1   Agradecemos a Diario *El Mostrador* por autorizar la reproducción completa de la entrevista al señor Cristóbal Gaggero.

Menos a comentar lo que considera que dos investigadores autónomos y destacados –el Premio Nacional de Ciencias y su colega experta en desarrollo organizacional, Ximena Dávila– pueden explicar por sí mismos. "No será la primera ni la última entrevista en que el 'Doc' (como lo llaman sus cercanos) dice cosas incómodas para muchos", plantea.

El tema es que Gaggero es el gerente de Marketing y Nuevos Negocios del Instituto Matríztico, fundado hace 17 años por Maturana y Dávila. No puede recluirse ni guardar silencio cuando el debate alcanza a la organización que gestiona.

Así que, también con notorio disgusto, conversó con *El Mostrador* para realizar un balance de lo ocurrido desde que Maturana hizo su *statement* de que no es padre, abuelo, ni ideólogo, nada, del *coaching*.

"Mira, en Matríztica no imponemos líneas editoriales. Valoramos la autonomía de nuestros integrantes y respetamos lo que tengan que decir. Si el Doc quiere contar una experiencia para aclarar algo que ya lo tiene un poco 'chato', bienvenido sea".

Así, tal cual: "Doc", "chato". Años de trabajo con un biólogo de "hablar difícil" y uno esperaría que Gaggero se hubiera contagiado de los conceptos matrízticos. Más aún siendo hijo de Dávila.

Los maneja al revés y al derecho, pero se ha declarado bilingüe. En el día a día, es bueno para la talla, el garabato y muy coloquial. "Tú quieres hacerme aparecer como el gerente buena onda", advierte. Pero es así. Ingeniero comercial y simpático.

También tiene un lado denso: es estudioso a rabiar, algo hosco y a veces arrogante. Porque el tipo es rápido. Observa unos segundos una situación y siempre sale con el comentario certero. "A ti te pasa esto", le puede decir a alguien y este mira de vuelta estupefacto. Gaggero dio en el clavo. Es un observador nato. No por mera casualidad.

Trabaja en la oficina de Rosario Sur del Instituto Matríztico. Un lugar blanco y minimalista. Allí, un grupo de colaboradores se dedica a tratar de materializar lo que proponen desde la oficina de Lyon, base de operaciones de Maturana y Dávila. Entre diálogos casi crípticos, mucha reflexión y pizarras llenas de rayados, figuras y ecuaciones, el científico y la epistemóloga producen conocimiento. Rosario Sur se sienta a pensar cómo gestionar las ideas, cómo aterrizarlos a ellos cuando vuelan muy alto y qué oportunidades podrían abrirse. De hecho, ahí nació el curso "Reflexionando sobre el Quehacer del Coach-Coachee", porque "nos llamaba mucho *coach* aproblemado".

Pero, sobre todo, conversan. Y observan. "Tanto que tenemos una broma interna: 'Vemos huevadas'".

-¿¡Qué!?
-Lo que pasa mucho es que, en medio de alguna conversación o preguntas que nos planteamos, alguno se queda pegado mirando el horizonte y nos burlamos: "Éste ya está viendo huevadas". Significa que está viendo más allá. Que le surgió una reflexión o distinción que hasta ahora no habíamos considerado.

-¿Cómo le cayó al Dr. Maturana la andanada de reacciones a sus dichos sobre el *coaching*?
-No pretendo ser vocero de Humberto. Si me preguntas a nivel del Instituto, sacamos cuentas alegres. Un debate de esta envergadura quiere decir varias cosas: una, que surgen preguntas que antes no estaban y que generan la oportunidad de aclarar lo que hacemos. Otra, que a algunos les golpeó fuerte –por lo visto, en su negocio– porque han hecho de todo para que Humberto les conteste y eso no va a suceder. Y, por último, que cada comentario viene de un observador

que, de acuerdo a sus propias distinciones, interpreta los dichos de Maturana desde sí.

-Ya. Pero hubo varios comentarios que tenían tintes negativos y lograron tribuna en distintos medios...
-Como no soy cercano a los medios, miro esto casi como un divertimento. Un *coach* "poderoso" consiguió alguna cabida en ciertos medios y dijo cosas que habría sido bueno que los periodistas a cargo investigaran más a fondo. Capaz que si lo hubiesen hecho, no le habrían dado tribuna. Pero no pasó de ser una mera anécdota. Hubo otras reflexiones que me parecieron más interesantes.

-¿Cuáles serían?
-Que hubiera intelectuales que pensaran que a Humberto le vino casi ataque de egomanía y que estaba poco menos que alegando que no lo incluían en sus negocios.

El Doc habló desde una emoción. Como él dice, los seres vivos siempre estamos en una emoción. La suya, al momento de dar la entrevista, fue de preocupación por cómo algunos han utilizado su obra. Maturana tiene una oportunidad que otros pensadores no: puede aclarar en vida si se siente que se están tergiversando sus ideas. Ya se quisieran esos intelectuales que murieron y que nunca rayaron la cancha sobre sus creaciones, haber estado presentes para hacerlo.

Por ejemplo, Humberto conversó años atrás con Niklas Luhmann sobre el uso que este último le daba al concepto de autopoiesis. Le dio las gracias a Luhmann por haberlo hecho famoso en Alemania, pero le dijo que la autopoiesis no aplicaba al fenómeno social sino a lo molecular. De manera muy legítima, éste replicó que la palabra le era útil para lo que él quería explicar.

Entonces, el problema no está en cómo interpretan tu obra, sino cuando la interpretación dice exactamente lo mismo que Maturana y se vende "basada en la teoría del biólogo chileno", en vez de decir "esto es como nosotros interpretamos dicha teoría".

EL "LUCRO"

"Ojalá menciones que soy Ingeniero Comercial con posgrados en las universidades más tradicionales y capitalistas del mundo. Que tengo señora, dos hijos y que soy un fulano de tal como cualquier otro".

"Matríztica tiene varios años de historia, pero se apoya en más de 50 años de investigación científica. Cuando prueba que no hay realidad independiente del observador, que lo que te venden como una verdad absoluta es un argumento para obligar y con la Ximena entienden que esto explica mucho de cómo vivimos, por qué surgen los conflictos, la desconfianza, cómo se pueden generar espacios de bienestar, tienes un producto que otros no pueden ofrecer".

-¿Para qué?
-Para que quede claro que en Matríztica no les hacemos asco a los negocios ni creemos que los científicos se tienen que morir de hambre para ser mártires de la ciencia. Tampoco creemos que Ximena y Humberto sean gurús o divos.

-¿Ustedes validan un modelo de ciencia con fines de lucro?
-No seamos simplistas. Lo que se dijo en medio de la "polémica", de que Maturana no quería que usaran sus conceptos para lucrar es... dejémoslo como un malentendido. Nuestro instituto

lo definimos como un laboratorio humano donde constantemente estamos investigando y conversando distintos temas. La mayoría de las personas se quedaron con *El Árbol del Conocimiento* y no ve que Humberto ha hecho hasta hoy casi 150 publicaciones con distintos colaboradores. Desde el 99 ha tenido de coautora a la Ximena. En 2000 apareció el libro de entrevistas con Bernhard Pörksen, *Del Ser al Hacer*, que postula que el ser no se puede modificar, pero sí el hacer. La investigación es continua y ayer mismo reflexionábamos qué importancia tendrá en el cerebro que dejemos de escribir a mano. Humberto fue hace dos años a dictar una cátedra al colisionador de partículas en Austria sobre el origen del bosón de Higgs. O sea, estamos constantemente produciendo conocimiento.

-Hacen negocios para poder desarrollar conocimiento…
-Lo hablé con la Presidenta. "Somos exportadores no tradicionales", le dije. Exportamos conocimiento generado por nosotros mismos desde nuestra base investigativa científica. Personalmente, recorrí seis delegaciones Pro Chile en Europa para que me ayudaran a promover los servicios de Matríztica. La respuesta: "No estamos preparados. Exportamos materia prima". La producción científica en nuestro país es muy cara. No le dan el peso merecido, la mayoría de los fondos son para realizar eventos para emprendedores, pero no para investigación. Con el despelote en Conicyt y exceso de política en Corfo, no se logra nada. El 75 por ciento de lo que hacemos en Matríztica lo comercializamos en el extranjero, y el 25 restante, aquí.

ENTENDIENDO A MATURANA

-¿Por qué será que en el extranjero todos quieren tener al doctor y aquí en Chile no tanto?

-Por varias razones. Mucha gente se tragó el mito de que Humberto es complicado. Claro, el 71, con la biología del conocimiento, usaba un lenguaje intrincado porque tenía que describir algo que era nuevo. Pero desde entonces es más asequible. Cuando juntaron la noción biológica del observador con su entorno –la cultura–, hicimos un esfuerzo importante por difundir y aclarar que Maturana no solo habla de autopoiesis, sino que sus conceptos como *co-creación*, *transformación cultural*, *bien-estar*, han permeado el lenguaje tradicional. Ahora, sigue habiendo algo de desconocimiento. Nos ha tocado empresas preocupadas porque el taller va dirigido a supervisores "y capaz que les cueste entender", y no es así. O ya el colmo: un empresario chileno que contrató por US $150 mil a un experto extranjero en Maturana y este mismo le dijo: "No entiendo por qué me trajeron a mí si la oficina del doctor está a tres cuadras".

-Se llevó varias críticas el Doctor aquí por la entrevista...

-Porque no entienden bien lo que hace. Pero es normal. Humberto es uno de los pocos científicos que ha derivado su teoría al ámbito del convivir y las relaciones y que no necesita citar a nadie para validar sus ideas. Matríztica tiene varios años de historia, pero se apoya en más de 50 años de investigación científica. Cuando prueba que no hay realidad independiente del observador, que lo que te venden como una verdad absoluta es un argumento para obligar y con la Ximena entienden que esto explica mucho de cómo vivimos, por qué surgen los conflictos, la desconfianza, cómo se pueden generar espacios de bienestar, tienes un producto que otros no pueden ofrecer. A no ser que, como dijo en la entrevista, se cuelguen de su persona para validar su negocio. No tiene problema en que lo interpreten, pero sí con que lo usen como "avalado por el biólogo chileno".

-Decía un "crítico" que si bien tiene excelentes credenciales de biólogo, Maturana se "chacrea" por hablar de todo. Un día de la innovación, otro del amor, en fin.
-Obvio que puede hablar de todo. Lo explico en fácil: Humberto investiga y determina que nuestro sistema nervioso es un sistema cerrado y por eso no distinguimos si lo que observamos es ilusión o percepción. Cada uno observa lo que observa. Se da cuenta y dice: "Qué bonito, somos sistemas cerrados. ¿Qué hago con esto? ¿Qué sigue?". Se pone a investigar entonces el lenguaje, que surge hace 3 millones y medio de años, que es lo que nos hace únicos. Todos los seres vivos son autopoiéticos. Pero los humanos tenemos el lenguaje. Cuando intervienes el lenguaje generas mundos, la cultura y transformas el entorno. O sea, todo, internet, la pareja, la organización, todo se puede explicar desde la biología cultural.

-Dijeron también que es muy "hippie" o New Age. Que su biología del amar es impracticable...
-Es que la biología del amar no es como la canción romántica de Luis Miguel o Arjona. ¡No! Apela a que como seres humanos fuimos biológicamente constituidos como seres amorosos. A un niño cuando nace le da lo mismo si su mamá fue violada o no. Esto le aparece cuando le van contando y es más grande. Salir del útero nos hace seres amorosos y nos vamos pervirtiendo en la cultura que vivimos. Si agarras a un grupo de guaguas y las crías en la selva, historia que dio vida a la filosofía Ubuntu en África, serán colaborativas porque la

noción de competencia es netamente cultural. Cuando dicen "el león le ganó al otro y se comió la gacela", es la explicación que le damos, pero los leones no están compitiendo. La intención se la ponemos nosotros, como observador. Entenderlo te permite generar espacios de reflexión y una cultura de mayor bienestar. No hay, por ejemplo, niños con déficit atencional, sino profesores fomes. Si el gallo no ama lo que hace, no transmite ese amor. Si enseña desde el enojo, transmite resentimiento.

-¿Y eso de la colaboración, seres amorosos y cultura de no competencia por qué le haría sentido a un empresario?
-Es muy empresarial. Si en una organización instalan un *software* nuevo, cambia todo, incluso el lenguaje, porque se empiezan a usar los tecnicismos del programa. Ese cambio trae consigo otras cosas, que son emociones o estados de ánimo. Si el*software* es bien recibido, hablas con el lenguaje técnico en un espacio de bienestar. Pero si el programa es una porquería, cuando hables de él va a generar malestar. Cuando entiendes que así opera lo humano, ya tienes una herramienta para la gestión.

-¿Por qué?
-Porque si conoces cómo funcionan las personas con las que trabajas, gestionar y relacionarse es más fácil. De eso se dan cuenta ciertos tipos de empresarios. Los serios, que captan que están trabajando con personas y no recursos o números, que saben que trabajar con gente implica una responsabilidad y que tienen la audacia para implementar cambios que aumentan la productividad. La colaboración en una organización, no surge de manera inducida, sino espontánea. Cuando nos tenemos que sentar a hablar de que hay que colaborar, no hay

colaboración. No puedes sistematizar las relaciones humanas. Las puedes entender. Puedes fijar bordes operacionales en un contrato para definir lo que espera uno del otro, pero, al final, la gente es más productiva cuando es vista.

-Suena muy a *coaching*...
-Pero no lo es. El entendimiento de lo humano permite generar instancias conversacionales donde el otro aparece como un legítimo otro y así la cultura organizacional va cambiando. De a poco. El proceso de transformación no surge de una receta mágica, ni de los "7 pasos para". El problema de la técnica es que caes en la recursividad y hasta retórica. "Es que según lo que me dices –escuché en un acompañamiento organizacional que hicimos–, esto es un compromiso, pero no lo es porque te dije que llegaras temprano y no fue así y bla, bla, bla". Nadie va a llegar más temprano porque aprendió un acto del habla. Un gerente puede aprender lo que hay que hacer, pero si le toca un imprevisto, capaz que se paralice porque en la técnica le enseñaron cómo reaccionar ante tal escenario, pero no en este nuevo. ¿Te queda clara la diferencia con la transformación?

-Sí, pero lo veo un proceso muy largo para cuando ya hay una crisis...
-Depende. Alguien puede tomar un proceso de formación para entender la biología cultural. Nos ha pasado ene que alguien aprende esto para la pega y después llega contando que se sentó a comer con su mujer y que ella le comentó que hacía 20 años que no conversaban así. Porque él se transformó.

También se pueden generar las instancias para que los actores de la organización conversen. Te puedo dar mil ejemplos de transformación que hemos logrado sin que se hable de autopoiesis. Empresas donde el problema era que trabajaban detrás de biombos y no se veían las caras. Y no conversaban. Por ende, no se coordinaban. Fusiones donde el más grande se cree mejor y con la arrogancia no ve que el más chico tiene mucho que aportar porque trata directo con los clientes. Compañías donde los ejecutivos viven en reuniones, llegan a acuerdos, salen de ahí y todos hacen algo distinto. Y se recriminan, "lo hiciste mal", "eres incompetente". ¿Por qué? Porque no se dieron el espacio para preguntar "¿entendimos todos lo mismo?" y aceptar que el error es legítimo. Espacios de trabajo que ignoran que estamos siempre en una emoción, aunque se diga que no, y que esa emoción va cambiando. Cuando se reconoce esa emoción en uno o en el otro, uno sabe qué puede hacer y qué no. O sea, si sé que estoy en la emoción de la rabia, puedo decidir no hacer equis cosa en ese minuto, porque no va a resultar. Las posibilidades de este entendimiento son infinitas.

www.ingramcontent.com/pod-product-compliance
Lightning Source LLC
Chambersburg PA
CBHW051217200326
41519CB00025B/7153